Eva Schmitz-Gümbel/Birgit Schönberger

Mein Geld, dein Geld

Eva Schmitz-Gümbel
Birgit Schönberger

Mein Geld, dein Geld

Finanzratgeber für Paare

Linde international

stern

Bibliografische Information Der Deutschen Bibliothek

Die Deutsche Bibliothek verzeichnet diese Publikation in der Deutschen Nationalbibliografie; detaillierte bibliografische Daten sind im Internet über http://dnb.ddb.de abrufbar.

ISBN 3-7093-0095-9

Umschlag: stern und AG MEDIA GmbH

1210 Wien, Scheydgasse 24, Tel.: 0043/1/24 630
www.lindeverlag.at

Druck: Hans Jentzsch & Co. GmbH, 1210 Wien, Scheydgasse 31

Inhalt

Vorwort

Haben Sie schon mal ein Haushaltsbuch geführt? Wochen- oder gar monatelang jede noch so kleine Ausgabe penibel notiert? Falls ja, wissen Sie, was das bedeutet: Ihr Partner wird Sie, wenn Sie mit dem Vorschlag kommen, betreten schweigend ansehen und sich fragen, ob so viel Geiz noch geil ist. Und Sie selbst werden betreten dreinschauen, sobald das Zahlenwerk fertig vor Ihnen liegt, weil Sie erkennen müssen, dass die ständigen Anrufe mit dem Handy oder die Leidenschaft für Kuchen Ihr Budget doch stärker belasten, als Sie sich das bisher eingestehen wollten.

Macht nichts, da müssen Sie durch. Eva Schmitz-Gümbel und Birgit Schönberger, die Autorinnen dieses Buches, empfehlen, drei Monate lang durchzuhalten und alles fein säuberlich in Listen einzutragen: „Erst wenn alles schwarz auf weiß dasteht, wissen Sie, was sich in Zukunft sparen lässt."

Dies ist nur einer von zahlreichen praktischen Tipps, die der *stern*-Ratgeber „Mein Geld, dein Geld – Finanzratgeber für Paare" gibt. Wenn Sie ihn gelesen haben, kennen Sie alle Fallen, in die Paare finanziell laufen können, und wissen, wie Sie sie umgehen. Von der Frage, wie man auf einen Nenner kommt, wenn der eine ein bisschen knickerig ist und der andere allzu spendabel, bis zu Tipps, wie man auch finanziell das Abenteuer Kind bewältigt, bietet der Ratgeber umfassende Orientierung bei einem Thema, das in vielen Beziehungen noch immer äußerst heikel ist: beim Geld.

Frank Thomsen, Ressortleiter Politik + Wirtschaft, *stern*

Einleitung

Haben Sie schon mal versucht rauszukriegen, was Ihre besten Freunde netto verdienen? Erst folgt eine lange Pause, dann kommt ein „Äh, da muss ich mal überlegen“, dann ist wieder Stille. Bei keinem Thema wird so viel herumgedruckst und gestottert wie beim Geld.

Über Geld spricht man nicht! Diese Großeltern-Weisheit gilt immer noch, obwohl sie unsinnig ist. Frischverliebte reden über alles, nur nicht über Kontostände. Denn Liebe ist doch großzügig und rechnet nicht. Oder?

Doch wer Tisch und Bett teilt, sollte wissen, was der andere über Geld denkt und wofür er es gerne ausgibt, in welcher „Währung“ er rechnet und welche „Geldbiografie“ er mitbringt. Langfristig kommt kein Paar um klare Absprachen herum. Wer bezahlt die Miete? Wer ist für den Urlaub zuständig? Wer kümmert sich um die Altersvorsorge? Wer verdient das Geld, wenn die Kinder klein sind. Ein Drittel aller geschiedenen Paare in Deutschland gibt als Trennungsgrund Streit ums Geld an.

In diesem Ratgeber erfahren Sie, was Paare über Konten, Kindergeld, Altersvorsorge, Haushaltsbücher, Steuerklassen und Eherecht wissen müssen. Sie lernen die Gesetze der geheimen Kontoführung in der Liebe kennen, entlarven Ihre familiären Prägungen und bekommen Tipps, wie Sie konstruktiv, offen und fair über Geld sprechen. So entschärfen Sie rechtzeitig den Zündstoff, den Geld in Ihre Partnerschaft bringt.

Für die psychologische Beratung bedanken wir uns bei Stefan Stein vom Berliner Institut für Familientherapie.

Eva Schmitz-Gümbel
Birgit Schönberger

KAPITEL 1

Zur Sache, Schätzchen – was man vor dem Zusammenleben klären sollte

Streit um so etwas Banales wie Geld? Das gibt es bei uns nicht. Wir lieben uns. Da werden wir doch nicht über Geld streiten! In der Verliebtheitsphase sehen alle Paare rosarot – sie sind in Champagnerlaune und haben keine Lust auf nüchterne Euro-Debatten. Doch – so paradox es klingt – gerade der Anfang einer Partnerschaft ist der beste Zeitpunkt für entspannte Gespräche über Geld.

Runter mit der rosaroten Brille

Noch haben Sie ein unerschütterliches Vertrauen in die Qualitäten Ihres Partners und glauben fest daran, dass Ihre Beziehung alle Stürme und jede Ebbe auf dem Konto überstehen wird. Doch wenn die Türen knallen und die ersten Schimpfwörter durch die Luft fliegen, ist es schwer, ein sachliches Gespräch über Finanzplanung zu führen. Denn eins steht fest – es wird Auseinandersetzungen ums Geld geben. Es sei denn, Sie befinden sich bereits beide im Zustand der Erleuchtung.

Geld für Männer und Frauen

Streit ums Geld ist laut Umfragen der Zündstoff Nummer eins in Partnerschaften. Kein Wunder, denn wenn Männer und Frauen „Geld“ sagen, meinen sie nicht unbedingt dasselbe. Männer verbinden mit Geld eher Potenz und Kontrolle, Frauen hingegen Sicherheit und Selbstbestimmung in der Lebensführung. „Sagen Sie mir, welche Rolle das Geld bei Ihnen spielt, und ich sage Ihnen das Haltbarkeitsdatum Ihrer Liebe voraus.“ Das ist ein geflügeltes Wort unter amerikanischen Paartherapeuten.

Was Männer und Frauen über Geld denken

Geld oder Liebe? Für Frauen ist die Antwort völlig klar: Liebe. Auch im 21. Jahrhundert ist Frauen die Beziehungsebene immer noch wichtiger als Geld. Hauptsache, das Beziehungskonto ist im Plus, da kann das Girokonto ruhig ins Minus rutschen. Das klingt nach einem abgegriffenen Klischee, ist aber durch mehrere Studien belegt.

Reicht das Geld, um unsere Familie abzusichern? Haben wir genug, um uns wohl zu fühlen? Geht es mir gut bei der Arbeit? Das sind die entscheidenden Fragen, die sich Frauen beim Thema Geld stellen.

Wo bitte geht’s zur nächsten Gehaltserhöhung? Welcher Aktienfonds verspricht die größte Rendite? Wie kann ich den nagelneuen Van finanzieren? Welcher Karrieresprung ist als nächster dran? Das sind die Fragen, die den Mann eher beschäftigen.

Ein Blick auf den Kontostand und die Depots von Frauen und Männern in Deutschland belegt das Klischee erschreckend eindeutig: Frauen verfügen in Deutschland über 8.500 Euro Geldvermögen pro Kopf, Männer über 26.000 Euro – also über dreimal so viel. Beim Thema „Geld“ macht Liebe vor allem

Frauen blind. Deshalb sollten Sie rechtzeitig klare Verhältnisse schaffen und sich auch so unromantische Fragen stellen wie: Was gehört dir? Was gehört mir? Wollen wir ein gemeinsames Konto oder zwei getrennte? Übernimmt einer das Finanzmanagement – oder kümmern wir uns beide darum?

Was gehört mir? Was gehört dir?

Wenn Sie gerade zusammengezogen sind, wissen Sie noch, wer den Biedermeierschrank mitgebracht hat und wer die teure Stereoanlage. Nach fünf Jahren Zusammenleben ist in puncto Besitzverhältnisse eine Grauzone entstanden. Erstellen Sie ein Inventar über Ihr Vermögen und Ihre Wertsachen, auch wenn Sie sich sicher sind, dass Sie sich niemals trennen werden.

„Über Geld spricht man nicht" – das Geld-Tabu knacken

Es kann sein, dass Ihnen spätestens jetzt mulmig wird. Schließlich haben wir alle den Spruch verinnerlicht: „Über Geld spricht man nicht, Geld hat man." Und gerade frisch gebackene Paare möchten sich am liebsten vor dem Thema „Geld" drücken – verständlicherweise. Da hat man jahrelang fröhlich alleine vor sich hin gewirtschaftet, war keinem Rechenschaft schuldig außer dem Finanzamt, der Bank und dem inneren Buchhalter.

Und jetzt soll man plötzlich dem Partner mitteilen, wie viel der Job, von dem man immer so geschwärmt hat, netto wirklich bringt? Und womöglich soll man auch noch zugeben, dass man ein Faible für sündhaft teure Weine hat oder an keinem Schuhladen vorbeigehen kann; dass man bisher immer zu faul war, sich die günstigste Versicherung herauszusuchen, Sparbücher spießig findet oder zu Hochform aufläuft bei riskanten Aktiengeschäften. Und man soll – während man auf Wolke sieben schwebt – über das Scheitern nachdenken und es in Euro berechnen. Dann doch lieber den Mantel des Schweigens über das heikle Thema legen!

Doch auf Dauer ist die Vogel-Strauß-Politik nicht durchzuhalten. Denn auch wenn jeder sein eigenes Konto behält: Ab jetzt wird gemeinsam gewirtschaftet.

TIPP

Geld in der eigenen Familie

Tauschen Sie sich frühzeitig darüber aus, welche Rolle Geld jeweils in Ihrer eigenen Familie gespielt hat. War das Geld immer knapp? Gab es oft Streit um den Kontostand? Wurde lautstark auf- und abgerechnet? Oder wurde die Familienatmosphäre von Großzügigkeit und Gelassenheit im Umgang mit Geld bestimmt? Wusste die Mutter, was der Vater verdiente? Gab es Geheimniskrämereien?

Glaubenssätze über Geld

Denn jeder hat Glaubenssätze über Geld verinnerlicht, die den Kontostand maßgeblich beeinflussen. Der eine ist vielleicht mit der Stress-Parole aufgewachsen: „Wir können uns anstrengen, so viel wir wollen, es reicht sowieso nie." Der andere mit der beruhigenden Formel: „Um Geld brauchst du dir keine Sorgen zu machen. Es ist immer genug da."

Die Wahrscheinlichkeit, dass beide Partner die gleiche Prägung mitbringen, ist ziemlich gering (mehr dazu im Kapitel 7, Abschnitt „Knauser trifft Verschwenderin“).

Umgang mit unterschiedlichen Einkommen

Wenn beide in etwa gleich viel verdienen, ist die Sache einfach. Jeder trägt die Hälfte der gemeinsamen Kosten. Am praktischsten ist es, drei Konten einzurichten. Eins für ihn, eins für sie und ein gemeinsames, auf das jeder die gleiche Summe einzahlt für Miete, Strom, Essen und alle gemeinsamen Lebenshaltungskosten (vgl. auch Kapitel 5).

Was tun, wenn einer mehr verdient?

Doch was tun, wenn sie doppelt so viel verdient wie er? Das kommt Ihnen komisch vor? Richtig! Das war ein Scherz. Paare, die dieses Problem haben, kann man mit der Lupe suchen. In der überwältigenden Mehrheit der Partnerschaften ist es umgekehrt. Die Mehrheit der Frauen arbeitet nach der Geburt des ersten, spätestens aber nach der Geburt des zweiten Kindes Teilzeit. Das ist ein Grund dafür, dass Frauen im statistischen Durchschnitt ein Drittel weniger verdienen als Männer.

Was also tun, wenn er den Löwenanteil nach Hause bringt? Dann sollten Sie sich auf einen Lebensstil einigen, den sich auch die Frau leisten kann. Aber warum soll er nicht die Urlaube finanzieren, sie ins Restaurant einladen und zwei Drittel der Miete übernehmen? Schließlich hat er ja auch mehr, könnte man einwenden. Eine Zeit lang kann es gut gehen, wenn er der Großzügige ist und sie sich ein bisschen verwöhnen lässt – oder wenn sie das meiste bezahlt und ihn finanziell unterstützt.

Doch egal, wie toll Ihr Selbstbild ist, irgendwann fangen Sie an, innerlich Buch zu führen und auf dem imaginären Beziehungskonto Haben und Soll zu verbuchen.

TIPP

Faustregel

Bei unterschiedlichen Einkommen sollte das Paar einen Lebensstandard wählen, mit dem sich beide wohlfühlen. Das kann auch bedeuten, mit etwas weniger auszukommen, als finanziell möglich wäre, damit nicht der eine immer das Gefühl hat, draufzuzahlen, während der andere ständig über seine Verhältnisse lebt.

Geheime Sparbücher, Aktiendepots und Kreditverträge

Geheimnisse sind Gift

Große Geheimnisse sind langfristig Gift für eine Partnerschaft. Wenn sie plötzlich merkt, dass er deshalb so großzügig Geld ausgibt, weil er noch ein dickes Sparbuch hat, dessen Existenz er verschwiegen hat, fühlt sie sich zu Recht betrogen. Oder er ist schockiert, dass sie immer knapp bei Kasse ist, weil sie monatlich 400 Euro für einen Konsumkredit abzahlt, den sie aufgenommen hat, lange bevor sie ihn kennen gelernt hat.

Solche Überraschungen sorgen für Misstrauen. Wenn sie mir das nicht gesagt hat, wer weiß, was sie mir sonst noch alles verschweigt ... Deshalb sollten beide die Karten offen auf den Tisch legen. Natürlich gibt keiner gerne freiwillig seine Schwachstellen zu. Das Problem ist nur: Sie kommen sowieso mit der Zeit ans Licht. Also rechtzeitig raus damit!

Als Regel gilt: Jeder sollte für seine Schulden geradestehen, es sei denn, es handelt sich um gemeinsam aufgenommene. Bei verheirateten Paaren ist die Sache klar: Jeder haftet mit seinem Vermögen für alle vor und während der Ehe eingegangenen Verbindlichkeiten und muss nicht für die Schulden des Partners geradestehen – es sei denn, es handelt sich um einen Kredit für gemeinsame Anschaffungen (mehr dazu im Kapitel 6). Das heißt aber nicht, dass er über jedes Feierabendbier und sie über jeden Cappuccino Rechenschaft ablegen muss. Kleine Geheimnisse sind erlaubt. Jeder sollte einen Betrag zur freien Verfügung haben, mit dem er machen kann, wozu er Lust hat, auch wenn es etwas Verrücktes ist und der Partner darüber nur den Kopf schütteln kann.

Jeder ist für seine eigenen Schulden verantwortlich

„Haushaltsbücher sind spießig" – warum Aufschreiben trotzdem sinnvoll ist

Wenn Sie zu den Menschen gehören, die sich am Ende des Monats verzweifelt fragen, wohin mit dem vielen Geld, das noch übrig ist, können Sie dieses Kapitel getrost überspringen und Ihren Anlageberater anrufen. Alle anderen sollten sich mit dem Gedanken an ein Haushaltsbuch vertraut machen.

Zugegeben, das klingt nach freudloser Knauserei und Pfennigfuchserei. Aber wenn Sie das Bermudadreieck kennen lernen möchten, in dem Ihr Geld regelmäßig verschwindet, führt kein Weg am Haushaltsbuch vorbei. Etliche Paare verkünden im Brustton der Überzeugung: „Wir leben so bescheiden, wir haben kaum Ansprüche – und trotzdem ist immer Ebbe auf dem Konto."

Die Selbsteinschätzung ist subjektiv. Ein Haushaltsbuch ist objektiv.

Meistens ist Selbstbetrug im Spiel. Die regelmäßigen Bestellungen beim Pizzaservice, der Ratenkredit für die Sofagarnitur, der Leasingvertrag fürs Auto und der horrende Beitrag fürs Fitnessstudio, wo Sie es doch nie hin schaffen, das Abo für die Fachzeitschriften, die auf dem Stapel „Zu Lesendes" landen – all diese Posten werden gnädig aus der inneren Bilanz getilgt.

Die eigene Einschätzung ist subjektiv, ein Haushaltsbuch hingegen objektiv. Die gute Nachricht ist: Sie müssen nicht für den Rest Ihres Lebens von A wie Altersvorsorge bis Z wie Zahnpasta alles aufschreiben.

TIPP

Haushaltsbuch

Führen Sie mindestens drei Monate lang konsequent ein Haushaltsbuch. Schreiben Sie alle Ausgaben auf. Auch den Kaffee zwischendurch und das T-Shirt vom Schnäppchenmarkt. Erst wenn alles schwarz auf weiß dasteht, wissen Sie, wo Ihr Geld hinfließt und was Sie sich in Zukunft sparen möchten (siehe Anhang).

Für die Skeptiker: Ein Haushaltsbuch bringt im Schnitt eine Ersparnis von 20 %. Das hat das Bundesfamilienministerium bei einer Befragung von 3.000 Haushalten ermittelt. Besserverdienende kamen sogar auf bis zu 25 % Prozent Einsparungen im Monat.

Haushaltsbücher zum Bestellen

Haushaltsbücher kann man kostenlos bestellen, zum Beispiel beim Beratungsdienst der Sparkassen, Geld und Haushalt, Postfach 110740, 10837 Berlin. Es gibt auch die entsprechende Software. „Quicken" von Lexware oder „Wiso – Mein Geld" von Buhl Data. Sie können auch einfach ein Notizbuch nehmen, am Ersten des Monats alle Einkünfte als Guthaben verbuchen, darunter alle Fixkosten und veränderlichen Kosten auflisten und am Monatsende abziehen.

Schätzen Sie sich gegenseitig realistisch ein?

Ein positiver Nebeneffekt: Mit dem Haushaltsbuch können Sie auch überprüfen, ob Sie Ihren Liebsten beziehungsweise Ihre Liebste realistisch einschätzen. Bei jedem dritten Paar meinen die Partner, dass der andere das Geld für die falschen Dinge ausgibt. Mag sein, dass Ihr Partner wegen seiner Schwäche für italienische Feinkost beim Lebensmitteleinkauf zu viel ausgibt. Vielleicht stellt sich aber auch heraus, dass in Wirklichkeit Sie selbst das Luxusgeschöpf sind.

Aldi oder Bio? – Prioritäten vergleichen

Sinnvoll ist, dass jeder seine Prioritätenliste schreibt mit den grundlegenden Bedürfnissen. Ganz wichtig ist: Seien Sie ehrlich zu sich selbst. Wenn es Ihnen wirklich wichtig ist, nur Bio-Gemüse einzukaufen, mindestens zweimal im Jahr zu verreisen und sich regelmäßig eine Fortbildung zu gönnen, dann stehen Sie dazu. Oder wenn es für Sie existenziell wichtig ist, möglichst viel in die Altersvorsorge zu stecken, dann gehört dieser Punkt auf Platz eins.

Prioritätenlisten

Anschließend vergleichen Sie Ihre Prioritätenlisten und legen fest, auf welche Sie sich einigen können. Finden Sie einen Kompromiss, bei dem keiner von Ihnen das Gefühl hat, einseitig zu viele Opfer zu bringen.

WICHTIG

Über Bedürfnisse zu streiten bringt Sie nicht weiter

Über Bedürfnisse kann man nicht streiten. Natürlich können Sie als Mann versuchen, Ihrer Partnerin in nächtelangen Diskussionen klarzumachen, dass es in Ihren Augen eine unglaubliche Geldverschwendung ist, immer frische Blumen in der Wohnung zu haben und Freunde und Verwandte mit ausgesuchten Geschenken zu verwöhnen. Oder Sie als Frau können ihm vorrechnen, wie sein Segelschein den Kontostand und die Urlaubskasse ruiniert. Lassen Sie es einfach sein. Es bringt sowieso nichts. Das Einzige, was Sie weiterbringt, ist Großzügigkeit. Das heißt nicht, dass Sie täglich die Spendierhosen tragen sollen. Es bedeutet, dass Sie die Bedürfnisse Ihres Partners respektieren, auch wenn sie Ihnen noch so fremd sind. Vorausgesetzt, Sie beide bewegen sich innerhalb Ihres gemeinsamen Budgets.

Fragen, die Sie weiterbringen

- Wie wichtig ist es jedem von Ihnen, Geld für die Zukunft zu sparen?
- Können Sie, auch wenn Sie noch sehr jung sind, miteinander über das Alter sprechen?
- Haben Sie die gleiche Vorstellung von Großzügigkeit?
- Sind Sie sich einig, wer Buch führen und die Rechnungen bezahlen soll?
- Sind Sie sich einig, welche Verpflichtungen Sie gegenüber Ihren eigenen Familien erfüllen wollen?
- Wissen Sie, wie viel Ihr Partner verdient, welche Fixkosten er hat und wie viel er ungefähr ausgibt?
- Wie gehen Sie mit Rechnungen um? Zahlt einer immer pünktlich und ist der andere ständig im Verzug?
- Bringt einer von Ihnen Kreditschulden, ein BAföG-Darlehen oder einen Konkurs aus der Vergangenheit mit in die Beziehung?
- Sind Sie beide wirklich bereit, Ihr Einkommen und das, was Sie besitzen, zu teilen? Oder will einer von Ihnen beiden, dass es weiterhin auch getrennte Bereiche gibt? Wenn ja, wie finden Sie das?
- Vertrauen Sie Ihrem Partner, dass er mit seinem und Ihrem gemeinsamen Geld sorgsam umgeht und dass er in puncto Finanzen ehrlich zu Ihnen ist?

Wie viel verbindet Sie?

Wie viel trennt Sie?

KAPITEL 2

Hilfe, jetzt wird's teuer! – Der Nachwuchs kommt

Sie wissen jetzt, was Ihr Partner über Geld denkt, ob er eher sparsam oder verschwenderisch ist und wofür er sein Geld am liebsten ausgibt. Mit dem Haushaltsbuch sind Sie sich selbst auf die Schliche gekommen. Die ersten Auseinandersetzungen haben Sie gemeistert. Sie vertrauen einander und denken über Kinder nach.

Mut zum Kind

Das ist gut so, denn wir kennen die Statistik. Immer weniger Kinder werden geboren, dadurch steigen Renten- und Versicherungsbeiträge. In naher Zukunft muss eine kleine Gruppe von Verdienern ein Heer von Senioren versorgen. Das beste Heilmittel gegen dieses Zukunftsszenario sind Paare, die sagen: Wir lassen uns nicht ins Bockshorn jagen und trauen uns.

Allerdings gibt es jetzt ein paar Dinge zu klären, auch wenn Sie noch so euphorisch sind und glauben, dass sich nach der Geburt schon alles von selbst regeln wird. Tut es leider nicht.

Rollenverteilung rechtzeitig klären: Wer steigt wie lange aus?

Auch wenn es Ihnen reichlich übertrieben vorkommt: Sprechen Sie so früh wie möglich über die Fragen, die auch Ihre Finanzen bestimmen:

Wie wichtig sind Ihnen Ihre Arbeit und eigenes Geld?

- Soll das Kind rund um die Uhr von der Mutter versorgt werden, auch über die Stillzeit hinaus?
- Wer steigt wie lange aus seinem Job aus und bleibt zu Hause?
- Wer liebt seine Arbeit so, dass er auf keinen Fall für längere Zeit ausfallen oder Teilzeit arbeiten möchte?
- Von welchem Gehalt können alle in den ersten zwei Jahren leben? Wie lange können Sie als Familie mit einem Gehalt über die Runden kommen? (Siehe Rechenbeispiel im Anhang.)
- Für wann planen Sie den Wiedereinstieg in den Job? Wie können Sie dafür sorgen, dass Sie während der „Pause“ den Anschluss an Ihre Arbeit nicht verlieren und in Kontakt mit Ihrem Arbeitgeber bleiben?

Diese und viele andere Fragen müssen beantwortet werden. Klären Sie mit Ihrem Partner beziehungsweise Ihrer Partnerin, was Sie sich wünschen und was Sie erwarten. Sind Sie der Meinung, dass das Kind unbedingt rund um die Uhr von der Mutter betreut werden muss? Oder finden Sie es beide in Ordnung, wenn es mit einem Jahr in die Kinderkrippe kommt? Egal, wie Sie sich entscheiden: Wichtig ist, dass beide voll dahinter stehen.

Seien Sie ehrlich mit sich selbst und Ihrem Partner! Welcher Mann verspricht nicht vor der Geburt, danach weniger zu arbeiten und direkt nach Büroschluss mit wehenden Fahnen nach Hause zu rennen? – Die Wirklichkeit sieht anders aus. Im ersten Jahr nach der Geburt eines Kindes steigt die Wochenarbeitszeit junger Väter durchschnittlich um 1,5 Stunden. Und fast jeder Arbeitgeber sägt sofort an der Karriereleiter, wenn man wenigstens kleine Veränderungen der Arbeitszeit besprechen will.

Wunsch und Wirklichkeit

Seien Sie mutig! Sie haben einen Rechtsanspruch auf Teilzeit in Betrieben mit mehr als 15 Angestellten. Es ist nicht mehr vom Gutdünken Ihres Chefs abhängig, ob Sie weniger Wochenstunden arbeiten dürfen.

GUT ZU WISSEN

§ 15 Bundeserziehungsgeldgesetz

Arbeitnehmerinnen und Arbeitnehmer haben Anspruch auf Elternzeit bis zur Vollendung des dritten Lebensjahres eines Kindes. Die Elternzeit kann auch anteilig von jedem Elternteil allein oder von beiden gemeinsam genommen werden (mehr zum Gesetz siehe Anhang).

Schwangere und Frauen oder Männer in der Elternzeit sind gesetzlich vor Kündigungen geschützt. Das klingt gut, ist allerdings keine Garantie.

Die Tricks der Arbeitgeber

VORSICHT

Immer mehr Arbeitgeber versuchen, Schwangere und Männer und Frauen in Elternzeit trotz Kündigungsschutz loszuwerden, um Personal abzubauen und Geld zu sparen. Um die Kündigung durchzusetzen, muss der Arbeitgeber diese bei der zuständigen Arbeitsschutzbehörde beantragen. Als Begründungen gelten zum Beispiel „Störung des Betriebsfriedens", kriminelle Handlungen wie Diebstahl – und Firmenschließung. In vielen Fällen werden harmlose Vorwürfe übertrieben oder Schließungen vorgetäuscht.

Strategisch planen

Oft bekommen Frauen Abfindungsangebote, damit ist aber auch eine spätere Rückkehr an den Arbeitsplatz unmöglich. Immer häufiger bieten Arbeitgeber den Frauen an, länger als drei Jahre zu pausieren. Was großzügig klingt, ist jedoch oft eine Falle. Je länger Sie nichts mehr mit Ihrer Arbeitsstelle zu tun haben, desto geringer wird die Wahrscheinlichkeit, dass Sie zurückkehren – weil sich in der Zwischenzeit so viel geändert hat, dass Ihnen tatsächlich die Kompetenzen fehlen, oder Sie innerlich so weit weg sind, dass Sie sich nichts mehr zutrauen.

Bei Konflikten mit dem Arbeitgeber in der Schwangerschaft oder während der Elternzeit können Sie sich an den Betriebsrat, den Betriebsarzt, die Frauenbeauftragte oder die Fachkraft für Arbeitsschutz wenden. Auch „Pro familia" und die sozialpsychologischen Beratungsstellen der Städte bieten entsprechende Beratungen an. Informationen zum Mutterschutz finden Sie auf der Homepage des Bundesfamilienministeriums www.bmfsfj.de. (Die Broschüre „Mutterschutzgesetz" können Sie unter 0180/190 70 50 bestellen.)

Ein Einkommen fällt weg

Die Statistik zeigt, dass die meisten Frauen zu Hause bleiben, während die Männer weiterarbeiten. Die Folge: Ein Einkommen fällt weg. Oft ist noch Erspartes da, aber selbst das dickste Sparbuch wird schneller dünn, als man denkt. Plötzlich ist die Wohnung zu dritt doch zu klein, das alte Auto muss durch einen Kombi ersetzt werden und die Erstausstattung fürs Baby wird Ihnen auch nicht gerade geschenkt. Das Paradoxe ist: Eigentlich bräuchten Sie jetzt mehr Geld als vorher, tatsächlich kommt aber weniger aufs Konto. Bleiben Sie realistisch! Wie lange reichen Ihre Rücklagen, um den Wegfall eines Einkommens zu kompensieren?

Wie lange reicht unser Geld?

- Braucht der Geldverdiener eventuell eine besser bezahlte Stelle, um die Familie zu finanzieren?
- Kann derjenige, der zu Hause bleibt, durch freiberufliche Tätigkeiten das Budget aufbessern?
- Worauf können Sie vorübergehend verzichten?
- Brauchen Sie vielleicht doch eine günstigere Wohnung?

Welche Steuerklasse ist die beste für Sie?

Das Kind ist unterwegs, die Heirat steht an (oder umgekehrt). Jetzt müssen Sie entscheiden, welche Steuerklasse für Sie infrage kommt. Im Prinzip gibt es nur das Ehegattensplitting – wie der Name sagt – für Verheiratete oder die Grundtabelle für Nichtverheiratete.

Steuerklasse I

Die Qual der Wahl

Sie gilt für Arbeitnehmer, die nicht verheiratet sind oder von ihren Ehegatten dauernd getrennt leben.

Das wäre Ihre Steuerklasse, wenn Sie nicht heiraten und in „wilder Ehe" zusammenleben!

Steuerklasse II

Darunter fallen die in Steuerklasse I aufgeführten Arbeitnehmer, in deren Haushalt mindestens ein Kind gemeldet ist, für das ein Anspruch auf Kinderfreibetrag oder Kindergeld besteht.

Das kommt in Frage für Paare, die sich getrennt haben. Aber davon wollen wir ja nicht ausgehen, Sie sind ja gerade erst bei der Familiengründung.

Steuerklasse III

Steuerklasse III erhalten verheiratete Arbeitnehmer, wenn nur ein Ehegatte Arbeitslohn bezieht oder der

Ehegatte in die Steuerklasse V einzureihen ist. Voraussetzung ist weiterhin, dass Sie nicht dauernd getrennt leben.

Diese Steuerklasse ist dann interessant, wenn einer der beiden Ehegatten sehr viel mehr verdient als der andere (siehe auch Steuerklasse V).

Steuerklasse IV

Diese Steuerklasse gilt für verheiratete Arbeitnehmer, wenn beide Ehegatten ein festes Einkommen beziehen. Die Höhe der Einkommensteuer ist identisch mit der Steuerklasse I. Die Eheleute können wählen, ob sie beide die Steuerklasse IV nehmen oder sich für die Steuerkombination III/V entscheiden.

Wenn beide weiterarbeiten

Diese Steuerklasse IV ist bei gleich hohen Einkommen beider Ehepartner günstig.

Steuerklasse V

Diese Steuerklasse gilt für Verheiratete, die alle Voraussetzungen für die Steuerklasse IV erfüllen und deren Ehegatte in der Steuerklasse III versteuert wird.

Die Steuerklassenkombination aus III und V ist für Ehepaare empfehlenswert, bei denen der eine mehr (ab 60 %) und der andere weniger (ab 40 %) des gemeinsamen Bruttoeinkommens einbringt. Je nach Abweichung von diesem Verhältnis ergeben sich fast immer Nachzahlungen oder Rückerstattungen. Ehe-

Einer verdient wesentlich mehr

leute mit dieser Kombination müssen daher eine Einkommensteuererklärung abgeben.

Steuerklasse VI

Diese ist so speziell, dass wir sie in unserem Zusammenhang weglassen können.

Welche Kombination ist die günstigste?

Der schnellste Weg zur günstigsten Steuerklasse

TIPP

Die wichtigste Entscheidung für Ehepaare ist die Steuerklassenkombination. Um einen schnellen Überblick zu bekommen, können Sie im Internet unter

www.ofd.niedersachsen.de

Pfad: > home > Aktuelles & Service > Steuerberechnungen > Steuerklassenwahl

Ihre monatlichen Einkommen eintragen.

Die für die klassische Rollenverteilung (er verdient mehr als sie) günstige Kombination aus III und V kann zu Steuernachzahlungen führen. Der Rechner sagt Ihnen gleich, welche Höhe Sie einplanen müssen.

BEISPIEL

Er verdient mit seinem vollen Job 2.500 Euro im Monat, sie mit ihrer Teilzeitarbeit 500 Euro. Wenn beide die Steuerklasse IV wählen, müssen beide 405 Euro Steuern zahlen, bei der Kombination III/V nur 200 Euro. Damit sparen Sie also 205 Euro. Allerdings kann diese Steuerklassenkombination zu Nachzahlungen führen. Wenn Sie das zu versteuernde Einkommen nicht durch Sonderausgaben etc. mindern können, müssten Sie mit einer Steuernachzahlung von 616 Euro rechnen.

Denken Sie daran: Die gerne gewählte Kombination von Steuerklasse III und V hat den Haken, dass derjenige, der sowieso schon weniger verdient als der andere, noch höhere Abgaben hat. In den meisten Fällen ist das die Frau. Das Gefühl, nur fürs „Taschengeld" zu arbeiten, ist frustrierend. Viele Frauen brechen deshalb ihre Arbeit ab, die sie so schwungvoll begonnen haben, weil sich der Stress, zwischen Kindergarten und Büro hin und her zu hetzen, ja doch kaum bezahlt macht.

Klassiker mit Fallstricken

Diese Beobachtung bestätigt auch die Berliner Steuerberaterin Monika Offrich. Ihre Erfahrung ist: Viele Paare denken dieses Steuermodell nicht zu Ende. Denn bei der Steuererklärung müssen sie mit einer Nachzahlung rechnen, die sie meist nicht einplanen. Kurzfristig klingt diese Kombination verlockend, weil vom Monatslohn mehr ausbezahlt wird. Es ist quasi ein zinsloses Darlehen für ein Jahr. Doch am Ende kommt es dick. Für den weniger Verdienenden fällt die Rechnung deprimierend aus.

ACHTUNG

Die Wahl der Steuerklassenkombination beeinflusst auch die Höhe der Lohnersatzleistungen wie Arbeitslosengeld, ALG II, Unterhaltsgeld, Krankengeld, Mutterschaftsgeld, Übergangsgeld etc.

Dies gilt nur grob. Sie können sich auch bei den Finanzämtern, beim Bund der Steuerzahler oder bei Ihrem Steuerberater informieren und beraten lassen.

Für welche Steuerklassenkombination Sie sich entscheiden, sie muss spätestens bis zum 30. 11. bei der zuständigen Gemeinde beantragt werden. Man kann die Steuerklasse einmal im Jahr ändern, bei „berechtigtem Interesse“ auch mehrmals im Jahr schriftlich.

Kinderfreibetrag – für wen ist er interessant?

Kinderfreibetrag oder Kindergeld?

Zum Steuerthema gehört auch die Entscheidung zwischen Kinderfreibetrag und Kindergeld. Jetzt werden Sie als Eltern vom Staat für Ihr mutiges „Ja zum Kind“ belohnt. Jedenfalls ein bisschen.

Sobald auf der Lohnsteuerkarte ein ganzer oder halber Kinderfreibetrag eingetragen ist, führt dies zu einem höheren Nettogehalt, weil der Solidaritätszuschlag und ggf. die Kirchensteuer geringer werden. Die Lohnsteuer selbst wird leider nicht gemindert, dafür gibt es ja bereits das Kindergeld von 154 Euro monatlich für die ersten drei Kinder (im Jahr 1.824 Euro), ab dem vierten Kind 179 Euro (im Jahr 2.148 Euro).

Sofern man entweder freiwillig oder aufgrund gesetzlicher Verpflichtung eine Einkommensteuererklärung abgibt, führt das Finanzamt im Steuerbescheid eine so genannte Günstigerprüfung für Sie durch. Das heißt, es wird geprüft, ob sich die steuermindernden Freibeträge und die 1.080 Euro Betreuungs-, Erziehungs- und Ausbildungsfreibeträge günstiger auswirken als das bereits ausgezahlte Kindergeld. Wochenlang hat die Regierung über steuerliche Entlastungen für Eltern diskutiert. Der Stand der Dinge bei Redaktionsschluss ist: Alleinerziehende und Paare, bei denen beide Partner erwerbstätig sind, können rückwirkend zum 1. 1.2006 vom ersten Euro an die Betreuungskosten für Kinder bis 14 Jahre absetzen, maximal aber zwei Drittel bis zu einer Höchstgrenze von 4.000 Euro pro Jahr und Kind. Alleinverdienerfamilien mit Kindern im Alter von 0 bis 3 Jahren sowie von sechs bis 14 Jahren können Kosten für Betreuung im Haushalt als „haushaltsnahe Dienstleistungen" absetzen. Die Obergrenze liegt bei 2.400 Euro. Bei verheirateten und nicht getrennt lebenden Paaren verdoppeln sich diese Beträge. Ist die Steuerminderung höher als das Kindergeld, findet eine Verrechnung mit dem Kindergeld statt und es bleibt bei den Freibeträgen. Das ist dann der Fall, wenn der Einkommensteuersatz relativ hoch ist, etwa ab einem zu versteuernden Einkommen von 50.000 Euro (jährlich). Es lohnt sich also, wohlhabend zu sein, denn dann bekommen Sie auch mehr Geld fürs Kind.

Neue Regelung

Diener oder Verdiener?

Das Gute zuerst: Die Bundesregierung hat in den letzten Jahren eine Reihe von Gesetzen erlassen, um die

Gleichberechtigung zwischen Eltern voranzutreiben. Trotzdem bleiben nur knapp 5 % der Väter nach der Geburt der Kinder vorübergehend zu Hause. Kein Wunder: Derjenige, der mehr Geld verdient, arbeitet weiter. Nach wie vor ist das meistens der Mann. Wenn ihm klar wird, dass es fürs Erziehen maximal 300 Euro gibt, bleibt er trotz bester Vorsätze nicht zu Hause.

Elterngeld

Das soll sich ändern. Ab 2007 will die Große Koalition ein Elterngeld in Höhe von 67 % des letzten Nettolohns einführen. Dieses Modell wird in Schweden erfolgreich praktiziert und hat die Zahl der Väter in Elternzeit drastisch erhöht. Ob und in welcher Form es bei uns kommt, ist ungewiss.

Das klassische Familienmodell

Er arbeitet, sie bleibt zu Hause

Da es die bezahlte Elternzeit bisher nur als Idee auf dem Papier gibt, ist die klassische Variante immer noch die beliebteste Form des Familienmodells. Sie bleibt drinnen bei Herd und Kind, er kämpft draußen für Essen und Unterhalt. Beides ist in den Augen des Gesetzgebers gleichwertig.

Sie muss ihm nicht mehr brav die Pantoffeln und das Bier hinstellen und braucht auch nicht besonders anschmiegsam oder putzsüchtig zu sein, wenn sie Geld braucht. Wer der Kinder wegen zu Hause bleibt, ist ein vollwertiger, gleichberechtigter Partner und hat einen einklagbaren Anspruch auf Haushaltsgeld. Der Alleinverdiener kann sich nicht darauf zurückziehen: „Ich bringe das Geld nach Hause, also entscheide ich alles." 35 % der Frauen klagen über den Geiz ihres Partners.

GUT ZU WISSEN

§ 1360a BGB

(2) Die Ehegatten sind einander verpflichtet, die zum gemeinsamen Unterhalt der Familie erforderlichen Mittel für einen angemessenen Zeitraum im Voraus zur Verfügung zu stellen.

Haushaltsgeld

Grundsätzlich gilt: Wenn die Frau zu Hause bleibt, hat sie ein Recht darauf, dass er ihr als Alleinverdiener Haushaltsgeld zahlt, und zwar monatlich im Voraus. Das Ganze gilt natürlich auch für den Mann, wenn seine Frau erwerbstätig ist!

Aber was ein Haushalt wirklich kostet, weiß wiederum nur derjenige, der täglich einkauft, die Schulbücher besorgt und die Telefon- und Stromrechnung überweist (siehe Haushaltsbuch Kapitel 1).

FAUSTREGEL

Laufende Kosten für Essen und Trinken, Kleidung, Putz- und Waschmittel, Körperpflege, Benzin, Kindergarten- und Schulsachen, Versicherungen, eben alles, was in einer Familie anfällt, gehören zum Haushalt. Deshalb rechnet man dafür auch mindestens ein Drittel des Nettolohns.

Und wo kommt das Geld für ihre Kinokarte, den Friseurbesuch und den Abend mit der besten Freundin her? Im besten Fall ist ihm klar, dass sie einen Betrag braucht, den sie nach Herzenslust ausgeben darf, ohne

Rechenschaft ablegen zu müssen. Wenn nicht, braucht er vielleicht eine kleine Nachhilfestunde in Eherecht. Der Anspruch auf persönliche Bedürfnisse ist im Gesetzbuch unter BGB §1360a festgelegt, der auch als „Taschengeldparagraph" bekannt ist. Die Höhe richtet sich nach Einkommen und Lebensstil des Ehegatten. In der Praxis heißt das 5 bis 7 % des Nettoeinkommens des verdienenden Partners (Entscheidung des BGH).

Persönliche Bedürfnisse

Manche Paare finden auch eine etwas unromantische, aber pragmatische Lösung. Zusätzlich zum Haushaltsgeld überweist er ihr das Geld, das er durch die für ihn günstige Steuerklassenkombination zusätzlich erhält, auf ihr Konto.

Der Vorteil: Das Gefühl von Gemeinsamkeit und Teilhabe wird stabilisiert.

Die Umstellungskrise meistern

Auch wenn im Eherecht von Haushalts- bis Taschengeld theoretisch alles geregelt ist, betritt jedes Paar, das eine Familie gründet, Neuland.

Das Ende der Unabhängigkeit

Für den Berliner Familientherapeuten Stefan Stein ist die Phase der Familiengründung eine „klassische Umstellungskrise". Vorher waren beide unabhängig, hatten gleiche Möglichkeiten und ihr eigenes Geld. Psychologen sprechen von einer „symmetrischen Beziehung". Das ändert sich schlagartig mit dem ersten Kind. Zwei Einzelkämpfer werden voneinander abhängig und müssen sich gegenseitig ergänzen und den

Sprung schaffen in eine so genannte „komplementäre Beziehung“, in der sich beide ergänzen. In dieser Phase gibt es den meisten Streit ums Geld.

Stur den eigenen Stiefel weiter durchzuziehen funktioniert jetzt nicht mehr. Kreative Lösungen sind gefragt. Paare, die gelernt haben, flexibel mit sich und dem Partner umzugehen, haben sehr gute Chancen, diese Umstellungskrise gemeinsam zu meistern.

Kreative Lösungen finden

Wichtig ist, dass jeder auch in die Welt des anderen eintaucht. Er geht zum Beispiel regelmäßig zum Babyschwimmen und immer abends noch einmal mit dem Kinderwagen um den Block oder macht hin und wieder einen Tagesausflug mit dem Kind. Sie nimmt an einer Fortbildung teil oder arbeitet einen Nachmittag pro Woche auf Honorarbasis im alten Job.

So merkwürdig es klingt: Diese „Ausflüge“ in die Welt des anderen sollten Sie genauso fest und verbindlich planen wie eine Urlaubsreise. Sonst sitzt er am Abend vor dem Computer, während sie Dauertelefonate mit der Freundin führt. Leider ist es so. Die Familienwelt ist ein Klischee.

Den anderen nicht aus dem Blick verlieren

Variante Rollentausch

Auch wenn es supermodern aussieht – der Mann bleibt zu Hause und die Frau steht in der rauen Arbeitswelt ihren Mann: Das Paar muss sich trotzdem mit denselben Problemen auseinander setzen, welche die klassische Rollenaufteilung mit sich bringt.

Vater allein zu Haus

Hausarbeit und Kindererziehung werden auch nicht spannender, nur weil der Mann dafür zuständig ist. Manches ist sogar noch schwieriger. Auf Hilfe beim Kinderwagentragen kann ein Vater lange warten. Wer als Vollzeitvater nicht nur samstagsnachmittags auf dem Spielplatz ist, sondern auch regelmäßig morgens um 10 Uhr, vereinsamt allmählich beim Sandburgenbauen, denn jede Frage nach dem Alter des süßen Kindes wird von der zugehörigen Mutter im Zweifelsfall als Auftakt zur Anmache falsch verstanden. Auch in der Krabbelgruppe bleibt er die bewunderte, aber auch skeptisch beäugte Ausnahme. Frauen wollen ja auch mal unter sich bleiben.

Und wenn die Mama nach einem Chaostag im Büro nach Hause kommt und das Kind geküsst hat, stolpert sie über Berge von Wäsche und Geschirr. Statt fröhlich zu sagen „Schatz, zieh dir was Nettes an, wir gehen aus“, schimpft sie: „Ich hab 20 Kunden beraten und du hast noch nicht mal das Frühstücksgeschirr abgeräumt!“

Abenteuer Rollentausch

Ein Rollentausch ist eine Expedition. Zeitlich begrenzt kann das Wunder wirken, weil er endlich versteht, warum sie am Abend immer so müde ist.

Variante Wechselspiel

Am besten für die Partnerschaft ist das Wechselspiel: Im ersten Jahr verdient der eine das Geld, im zweiten der andere. Oder beide arbeiten weiter und reduzieren ihre Wochenarbeitszeit. Toll in der Theorie, aber mit meinem Arbeitgeber nicht zu machen, sagen Sie?

Häufig sind Paare zu bequem und zu verstrickt in ihre eigenen Familiengeschichten – das möchte natürlich niemand hören –, um sich neue Modelle vorzustellen und auch durchzusetzen. Kein Arbeitgeber ist begeistert, wenn der beste Mitarbeiter oder die qualifizierteste Mitarbeiterin für ein halbes, womöglich ein ganzes Jahr, verschwindet.

Mut zu neuen Modellen

Doch eins ist sicher: Nach der Elternzeit hat der Vater plötzlich Verständnis dafür, dass sie tausend Sachen anfängt und nichts zu Ende bringt und die Wohnung nicht tipptopp aufgeräumt ist. Und auch er ertappt sich dabei, dass er mehr über Pampers doziert statt über PowerPoint-Präsentationen. Gleichzeitig kriegt er glänzende Augen, wenn er beim Sandburgenbauen mit Sohnemann der Größte ist.

Und sie merkt, wie wunderbar ruhig es im Büro ist. Selbst der Chef mit seinen Launen ist spannender, als drei Stunden aus einem Kinderbuch vorzulesen. Aber die Angst, bei der nächsten Rationalisierungswelle dran zu sein, bereitet auch schlaflose Nächte. Dann weiß auch sie nicht mehr, wo eigentlich das ganze Geld bleibt, das sie so mühsam verdient hat, und muss voller Entsetzen feststellen, dass sich ihr Verdienst genauso schnell auflöst wie seiner.

Mehr Verständnis für den anderen

Rollenverteilung in der eigenen Familie

TIPP

Tauschen Sie sich vor der Familiengründung über Ihre eigene Familie aus. Erzählen Sie von der Rollenverteilung zwischen Ihren Eltern. Wer war zufrieden? Wer hat „draufgezahlt"? Wer wollte unbedingt ein anderes Leben und hat es nicht geschafft?

Wie wurde über berufstätige Frauen gesprochen oder Männer, die im Haushalt helfen? Sind Sie immer noch in Opposition zu Ihren Eltern und damit auf dem besten Wege, Sie zu imitieren? Oder wollen Sie etwas Neues ausprobieren?

Sie sollten es sicher besser haben als Ihre Eltern. Aber wie genau, in welchem Bereich und zu welchem Preis? Eine bessere Ausbildung, mehr Geld, mehr Zeit für die Kinder, mehr Karriere, mehr Abwechslung?

Die Geburt eines Kindes katapultiert Paare schnell wieder in ihre eigenen Kinderzimmer, ohne dass ihnen bewusst wird, was passiert.

Hören Sie genau hin, wenn Ihre Frau immer wieder beteuert, sie brauche auf keinen Fall einen Märchenprinzen, der alles für sie erledigt, oder wenn Ihr Mann Ihnen ständig erzählt, dass Kinder nicht die ganze Zeit die Fürsorge ihrer Mütter benötigen. Es kann gut sein, dass Sie beide genau das Gegenteil fühlen.

KAPITEL 3

Was steht uns zu? – Staatliche Hilfen

Wenn ein Preis vergeben würde für das kinderfreundlichste Land, hätte die Bundesrepublik ganz schlechte Karten. Im Vergleich mit unseren europäischen Nachbarn hinken wir bei Betreuungsangeboten, Bildungsstandard und flexiblen Arbeitszeitmodellen hoffnungslos hinterher. Aber es gibt einige staatliche Hilfsangebote für Familien.

Mutterschutz

Alle werdenden Mütter, die in der gesetzlichen Krankenversicherung versichert oder mitversichert sind, haben nicht nur Anspruch auf Vorsorgeuntersuchungen, Hebammenhilfe, ärztliche Betreuung usw. Sie bekommen auch Mutterschaftsgeld. Angestellte erhalten pro Tag 13 Euro Mutterschaftsgeld von der Krankenkasse und der Arbeitgeber zahlt die Differenz zum durchschnittlichen Nettoarbeitsentgelt dazu.

Anspruch auf Mutterschaftsgeld

Aber auch Selbstständigen steht Mutterschaftsgeld zu. Bezahlt wird es von der gesetzlichen Krankenkasse. Wenn Sie als Selbstständige freiwilliges Mitglied einer gesetzlichen Krankenkasse sind, haben Sie Anspruch auf Mutterschaftsgeld in Höhe des Krankentagegeldes. Außerdem müssen Sie, solange Sie Mutterschaftsgeld bekommen, keine Beiträge zur gesetzlichen Krankenkasse zahlen.

Elternzeit

Früher hieß die Elternzeit Erziehungsurlaub. Ein wunderbares Wort, das klingt wie Dolce Vita, gesponsert von Vater Staat. Wer schon einmal Erziehungsurlaub genommen hat, weiß, dass es sich dabei um das Gegenteil von Urlaub handelt. Dieser Urlaub ist eher vergleichbar mit einem unbezahlten Survival-Training in der Wüste. Heute heißt es nüchtern „Elternzeit".

Rückkehrrecht

Die Elternzeit bringt zwar kurzfristig kein Geld, langfristig aber doch, weil Arbeitnehmerinnen und Arbeitnehmer, die ihr Kind selbst betreuen und erziehen, bis zum dritten Geburtstag des Kindes einen Rechtsanspruch auf Elternzeit haben. Danach haben sie den Anspruch, auf ihren alten Arbeitsplatz oder einen gleichwertigen zurückzukehren. Beide Partner können auch gleichzeitig Elternzeit nehmen. Wer in Elternzeit ist, darf in Teilzeit bis zu 30 Wochenstunden arbeiten. Nach drei Jahren gilt wieder die ursprüngliche Arbeitszeit.

Erziehungsgeld

Es gibt ein schönes Zitat: „Die Phönizier haben das Geld erfunden. Aber warum so wenig?" So ähnlich ist es auch beim Erziehungsgeld. Die gute Nachricht ist: Fürs Erziehen gibt es bei uns tatsächlich Geld. Die schlechte Nachricht ist: Es handelt sich um eine homöopathisch dosierte Finanzspritze, die maximal zwei Jahre lang verabreicht wird. Dann endet die Erziehungszeit für Vater Staat, nicht aber für die Eltern.

Das Wichtigste über Erziehungsgeld

Mütter und Väter, die ihr Kind selbst erziehen und nicht mehr als 30 Wochenstunden arbeiten, können wählen zwischen dem Regelbetrag von 300 Euro monatlich bis zum Ende des zweiten Lebensjahres des Kindes und dem Budget-Angebot von 450 Euro monatlich bis zum Ende des ersten Lebensjahres.

Für das Erziehungsgeld gibt es Einkommensgrenzen. In den ersten sechs Lebensmonaten liegt die Grenze bei 30.000 Euro Jahresnettoeinkommen bei Elternpaaren und bei 23.000 Euro bei Alleinerziehenden. Wenn Sie mehr verdienen, wird das Erziehungsgeld entsprechend gemindert. Ab dem siebten Lebensmonat gilt folgende Tabelle:

Erziehungsgeldtabelle		
Elternpaare	**volles Erziehungsgeld**	**gemindertes Erziehungsgeld**
Beim 1. Kind	bis zu einem Jahresnettoeinkommen von 16.400 Euro	bis zu einem Jahresnettoeinkommen von 22.086 Euro
Alleinerziehende	**volles Erziehungsgeld**	**gemindertes Erziehungsgeld**
Beim 1. Kind	bis zu einem Jahresnettoeinkommen von 13.500 Euro	bis zu einem Jahresnettoeinkommen von 19.086 Euro
Bei jedem weiteren Kind	Erhöhung der Einkommensgrenze um 3.140 Euro	Erhöhung der Einkommensgrenze um 3.140 Euro

Lassen Sie sich Ihr Erziehungsgeld ausrechnen!

Um ganz schnell einen Überblick zu bekommen, was die Elternzeit für Sie auf dem Konto bedeutet, können Sie auf der Internetseite des Bundesministeriums für Familie, Senioren, Frauen und Jugend einen **Elternzeitrechner** ausprobieren, mit dem Sie in vier Schritten Ihr Nettoeinkommen und gleichzeitig Ihr Erziehungsgeld berechnen lassen können:

www.bmfsfj.de/Elternzeitrechner/

Wenn Sie hochschwanger sind und gut verdienen, empfehlen wir Ihnen, sich auf einen Stuhl zu setzen, denn die Zahl vor der Null könnte Sie umhauen. Aktivieren Sie den Elternrechner trotzdem, denn damit sehen Sie beide auf einen Blick die finanziellen Löcher, die Sie ab sofort stopfen müssen.

WICHTIG

Erziehungsgeld wird im Gegensatz zum Kindergeld nicht automatisch gezahlt. Sie müssen es für jedes Lebensjahr des Kindes bei der örtlich zuständigen Erziehungsgeldstelle gesondert beantragen. Selbstständige werden aufgefordert, ihr voraussichtliches Jahreseinkommen zu schätzen und die Schätzung durch Honorarbescheinigungen und den letzten Steuerbescheid zu belegen.

Kindergeld

Dass es Kindergeld gibt, hat sich inzwischen herumgesprochen. Festgesetzt sind 154 Euro monatlich für das erste, zweite und dritte Kind. Ab dem vierten Kind wird auf 179 Euro aufgestockt. Kindergeld gibt es für alle Kinder bis zum 18. Lebensjahr, für Kinder in Ausbildung bis zum 27. und für arbeitslose Kinder bis zum 21. Lebensjahr.

Kinderleicht zu beantragen

Es zu beantragen ist kinderleicht. Zuständig ist die der Arbeitsagentur angegliederte Familienkasse. Einen Antragsvordruck gibt es bei der Arbeitsagentur oder beim Bundesamt für Finanzen als PDF-Dokument zum Download. Bei der Ausstellung der Geburtsurkunde bekommen Sie gleich eine Kopie speziell für diesen Antrag (www.bund.de, www.dz-portal.de).

Kindergeld clever anlegen

So weit, so einfach. Spannend wird es, wenn Sie sich entschließen, das Kindergeld clever anzulegen. Wenn Sie 140 Euro im Monat in einem relativ risikoarmen gemischten Fonds (ein Drittel Aktien/ein Drittel Immobilienfonds/ein Drittel Rentenpapiere) anlegen, der 6 % Wertentwicklung bringt, haben Sie nach 16 Jahren 52.000 Euro. Wenn Sie noch ein bisschen mutiger sind und die Nerven haben, einen eventuellen Börsencrash gelassen auszusitzen, empfiehlt sich ein Fonds mit höherem Risiko (zwei Drittel Aktien/ein Drittel Rentenpapiere).

BEISPIELRECHNUNG

Rate	140 Euro pro Monat
Laufzeit:	18 Jahre
Angenommene jährliche Wertentwicklung:	8 %
Ausgabeaufschlag:	3 %
Endbetrag:	63.699,74 Euro
Gesamtsumme der Einzahlung:	30.240 Euro

Familientarife bei Versicherungen

Krankenversicherung

Ehefrauen und Mütter sind kostenlos mitversichert

Wie auch immer Sie Ihre Rollenverteilung gestalten: Derjenige, der sich entscheidet, vorübergehend aus dem Job auszusteigen und sich ums Kind zu kümmern, ist beim Ehepartner mit krankenversichert, vorausgesetzt, der Ernährer/die Ernährerin ist Mitglied der gesetzlichen Krankenkasse (GKV). Ehefrauen und Mütter während der Elternzeit ohne eigenes Arbeitseinkommen sind kostenlos mit versorgt. Das gilt natürlich auch für Männer, die Elternzeit nehmen, während die Partnerin weiter arbeitet.

Wenn einer von Ihnen eine private Krankenversicherung hat oder einer von Ihnen mehr verdient als derjenige, der in der gesetzlichen Krankenkasse versichert ist, dann haben Sie keinen Anspruch auf Familienversicherung in der GKV.

Der Anspruch auf Familienversicherung endet, wenn eine eigene versicherungspflichtige Tätigkeit aufgenommen wird.

Haftpflicht

Ehepartner und Kinder sind mitversichert

Bei der privaten Haftpflicht sind auch der Ehepartner und die Kinder mitversichert. Auch der Lebenspartner genießt den vollen Versicherungsschutz, allerdings nur, wenn er der Versicherung vorher namentlich genannt wird. Die Mitversicherung der Kinder endet, wenn sie volljährig und nicht mehr in der Schul- oder Berufsausbildung sind.

Die Sorge, eventuell unterversichert zu sein, können Sie getrost vergessen. Fast alle Familien in Deutschland sind sogar überversichert.

Vorsicht bei Versicherungsvertretern

Versicherungsvertreter haben ein ausgeprägtes Talent, vor allem junge Eltern mit Horrorszenarien mürbe zu machen, in denen spektakuläre Abstürze vom Klettergerüst mit komplizierten Knochenbrüchen und wochenlangen Krankenhausaufenthalten vorkommen. Sie kennen auch erstaunlich viele kerngesunde Ehemänner, die eines Morgens an ihrem Schreibtisch tot umfallen und mittellose Frauen hinterlassen, die sich nur noch eine wesentlich kleinere Wohnung leisten können.

Es stimmt: Kinder fallen regelmäßig von der Schaukel und vom Fahrrad. Und es kommt auch vor, dass der Partner einen Autounfall hat oder beim Fensterputzen von der Leiter fällt. Leben ist riskant. Das heißt aber nicht, dass Sie zehn Versicherungen für alle Eventualitäten brauchen.

WICHTIG

Unverzichtbare Versicherung

Für absolut unverzichtbar hält die Verbraucherzentrale lediglich eine private Haftpflichtversicherung für den Fall, dass Ihr Sohn beim Fußballspielen die Fensterscheibe der Nachbarn kaputtmacht, und eine Kinder-Unfallversicherung für den berühmten Sturz vom Klettergerüst oder den Fahrradunfall. Eine Unfallversicherung kostet für Kinder monatlich ca. 2 Euro, für Erwachsene zwischen 3 und 6 Euro. Kinder sollten mindestens mit 50.000 Euro – besser mit 200.000 Euro – versichert werden.

Sinnvolle Versicherung

Als sinnvoll empfiehlt die Verbraucherzentrale auch eine Risiko-Lebensversicherung, um die Familie beim Tod eines Elternteils finanziell abzusichern.

VORSICHT

Verzichten Sie unbedingt auf eine Kapital-Lebensversicherung. Diese wird gerne als Beitrag zur privaten Altersvorsorge angepriesen. Sie kostet jedoch sehr viel mehr als eine Risiko-Lebensversicherung und ist überflüssig. Es ist wesentlich effektiver, das Geld, das Sie dabei sparen, gut anzulegen.

Erziehungszeiten und Rente

Seit 1986 werden Erziehungszeiten bei der Rente mit berücksichtigt. Übrigens: Die rentensteigernden Erziehungszeiten dürfen nicht mehr automatisch der Mutter zugerechnet werden. Eltern haben die Wahl, ob sie dem Vater oder der Mutter gutgeschrieben werden sollen. Beide können sich die Zeiten auch monatsweise untereinander aufteilen.

Auch Väter können sich Erziehungszeiten bei der Rente anrechnen lassen

Ein entsprechendes Formular schickt die Bundesversicherungsanstalt für Angestellte jungen Eltern nach der Geburt automatisch zu. Wenn keine Erklärung abgegeben wird, rechnet die BfA die Erziehungszeit demjenigen zu, der das Kind überwiegend erzogen hat.

Riester-Rente

Die Riester-Rente ist aufgrund der staatlichen Zulagen vor allem für Familien mit kleinen Kindern interessant. Wer eine Riester-Rente abschließt, wird ausnahmsweise einmal dafür belohnt, dass er Kinder in die Welt gesetzt hat. Pro Kind gibt es 183 Euro Zulage pro Jahr ab 2006 und 185 Euro ab 2008.

Familien mit kleinen Kindern sollten riestern

Die Riester-Rente ist eine private Altersvorsorge auf freiwilliger Basis, die staatlich gefördert wird. Das Prinzip: Sie zahlen regelmäßig ein und haben bei Rentenbeginn Ihr eingezahltes Kapital plus zurzeit 3,25 % Garantieverzinsung. Die tatsächliche Rendite liegt zwischen 4 und 6 %. Die Versicherung legt den

Großteil des Geldes in festverzinslichen Wertpapieren an und höchstens 30 % in Aktien. Das Risiko ist also entsprechend gering.

Der Jahresbeitrag beträgt zunächst 1, ab 2008 4 % vom Bruttojahreseinkommen. Er setzt sich zusammen aus der Eigenleistung (dafür gibt es Mindest- und Höchstbeträge) und der staatlichen Zulage, die unabhängig vom Einkommen pro Familienmitglied gewährt wird. Seit diesem Jahr (2006) liegt der Sparbetrag bei maximal 3 % des Einkommens oder 1.575 Euro jährlich. Ab 2008 ist die endgültige Höchstgrenze von 4 % oder 2.100 Euro jährlich erreicht.

Dank der staatlichen Förderung fällt die Rendite deutlich höher aus als bei vergleichbaren Angeboten. Wer das mögliche Maximum einzahlt, wird mit der maximalen Förderung belohnt.

Verbesserungen bei der Riester-Rente

Trotzdem war die Riester-Rente lange Zeit ein Ladenhüter: Zu kompliziert, zu bürokratisch, zu unrentabel, stöhnte die Mehrheit der potenziellen Riester-Kunden. Die größte bürokratische Hürde ist inzwischen beseitigt. Man muss die jährliche Förderung nicht mehr umständlich selbst beantragen, sondern kann diese Formalie gleich an den Anbieter übertragen, wenn man die Versicherung abschließt.

Früher anfangen – länger profitieren

GUT ZU WISSEN

Je früher eine Familie einsteigt, desto mehr hat sie von der Riester-Rente, weil dann viele Zinsen und Zinseszinsen anfallen, und desto öfter kommt sie in den Genuss der Kinderzulage. Denn die wird so lange gezahlt, wie die Familie Kindergeld bekommt.

Grundsätzlich gilt: Je weniger Sie verdienen, desto günstiger ist das Verhältnis von eigenem Spareinsatz und staatlichen Zulagen.

Unter www.calculator.com und www.info-versicherungsvergleiche.de können Sie einen kostenlosen Versicherungsvergleich anfordern.

TIPP

Der Verband der Familienfrauen und -männer empfiehlt, Kindergeld und Erziehungsgeld grundsätzlich auf das Konto der Person überweisen zu lassen, welche die Familienarbeit hauptsächlich leistet. Wenn sie zu Hause bleibt und den Regelsatz Erziehungsgeld erhält, kommen monatlich 454 Euro auf ihr Konto. Hat sie noch regelmäßig kleinere Honoraraufträge, sind es vielleicht schon 1.000 Euro im Monat.

KAPITEL 4

Nur Hausfrau!? – Was Mamas Job wirklich wert ist

„Na, wieder den ganzen Nachmittag beim Mütterkaffeeklatsch gewesen? So gemütlich wie du hätte ich es auch mal gerne." Irgendwann kommt er völlig entkräftet vom Konkurrenzkampf im Büro nach Hause und sagt diesen Satz. Das ist der Beginn eines filmreifen Streits. Am Ende drückt sie ihm wutentbrannt das Kind in die Hand und rennt aus der Wohnung mit den Worten: „Du kapierst überhaupt nichts!" Wie sollte er auch?

Traumjob Mutter?

Aus der Ferne betrachtet wirkt das Muttersein tatsächlich beneidenswert idyllisch. Sonnige Nachmittage im Park, ausgedehnte Einkaufsbummel mit Kinderwagen, Kichern in der Krabbelgruppe. Während er von einem Meeting zum nächsten hetzt und das Geld verdienen muss, das sie fröhlich ausgibt und in Kinderbettwäsche und Kuscheltiere investiert und in ein neues Kostüm, weil sie auf keinen Fall mit dem Etikett „das Mutti" rumlaufen will.

Übrigens: Auch Mütter, die arbeiten und ihrem Partner die Rolle des Hausmanns überlassen, sagen irgendwann den berühmten Satz: „Was machst du eigentlich den ganzen Tag?"

Ehrenamtlicher Fulltime-Job

Tja, was macht sie eigentlich den ganzen Tag?

Mama ist Mädchen für alles

Einen unbezahlten Fulltime-Job mit permanenter Rufbereitschaft – 365 Tage im Jahr ohne Wochenend- und Nachtzulage und ohne klare Arbeitsplatzbeschreibung. Sie ist Mädchen für alles: Erzieherin, Köchin, Putzfrau, Wäscherin, Krisenmanagerin, Bürohilfe, Coach, Chauffeurin etc.

Erwerbstätigkeit und Hausarbeit werden vom Staat als gleichwertige Leistungen angesehen. Wer sich um die Kinder kümmert und den Haushalt schmeißt, trägt laut Rechtsprechung genauso viel zum Unterhalt bei wie derjenige, der das Geld nach Hause bringt.

Doch alle schönen Passagen im Gesetzestext können Ihren Zustand nicht verschleiern: Solange Sie unentgeltlich zu Hause arbeiten, sind Sie abhängig vom Staat oder von Ihrem Partner. Abhängigkeit ist bekanntlich das Gegenteil von Freiheit und finanzieller Selbstständigkeit. Für Ihre Arbeit zu Hause gibt es keine Maßstäbe, keine Bemessungstabellen und keine Tariflöhne.

„Hausfrauenarbeit ist Blindenarbeit“, dieser alte Spruch stimmt leider, denn ein klar definiertes Erfolgsprodukt können Sie nicht vorweisen. Die Wäsche ist nur für kurze Zeit sauber, der Kühlschrank leert sich ständig wieder, Ihre mühsam erarbeitete Ordnung wird binnen Minuten zerstört. Und Ihre Kinder wachsen auch ohne Ihr Zutun. Im Job können Sie sich vergleichen und sehen am Kontostand, wie der Wert Ihrer Arbeit eingeschätzt wird.

Hausarbeit und Kindererziehung als eigenen Erfolg zu verbuchen ist viel schwerer. „Man schmort so im eigenen Saft, dass man leicht einknicken kann", beobachtet der Familientherapeut Stefan Stein. Je länger eine Frau zu Hause bleibt, desto wackliger wird ihr Selbstwertgefühl. Es hilft, sich mit anderen auszutauschen und sich ganz sachlich klarzumachen: Was tue ich tatsächlich? Der Tag hat 24 Stunden, davon schlafen Sie, wenn's hochkommt, 8 Stunden. Bleiben 16 Stunden, in denen Sie im Einsatz sind:

Sich mit anderen auszutauschen hilft

- Kinder zum Hort bringen und abholen
- einkaufen, kochen, abwaschen
- Wäsche waschen und aufhängen
- Schularbeiten überwachen
- kranke Kinder pflegen
- Familientermine managen
- Arztbesuche organisieren
- Elternabende absolvieren
- Kinder zu Freunden und Kursen chauffieren
- vorlesen und Schlaflieder singen
- Dienstschluss ca. 21:00 Uhr

Familienmanagement

Kleines Rechenbeispiel

Sie haben einen Arbeitstag von 14 Stunden, in denen Sie abwechselnd folgende Berufe haben:

Was Mamas Job in Zahlen wert ist

Hausdame	40 Std.	1.258 Euro
Büglerin	37 Std.	1.400 Euro
Kinderschwester	38,5 Std.	1.679 Euro
Küchenchefin	40 Std.	1.667 Euro
Kraftfahrerin	39 Std.	1.635 Euro
Krankenschwester	40 Std.	1.780 Euro
Einkäufer (Textil)	37 Std.	2.312 Euro
Gebäudereiniger	39 Std.	2.066 Euro
Nachtwächter	38,5 Std.	1.402 Euro
Servicepersonal	40 Std.	1.634 Euro

Macht ein Durchschnittsgehalt von 1.683 Euro im Monat bei einer 39-Stunden-Woche. Da Sie aber auch am Wochenende voll im Einsatz sind und Urlaub die Fortsetzung von Familienleben unter erschwerten Bedingungen ist, kommen Sie locker auf die doppelte Wochenarbeitszeit. Voilà, macht genau 3.366 Euro brutto. Ein schönes Einkommen!

Falls es Ihr Partner nicht glauben kann: Die entsprechenden Verdienste sind im Internet unter www.boeckler.de > Tarifarchiv > wer verdient was? > Berufe von A bis Z zu finden.

Natürlich wollen wir Ihnen nicht ernsthaft empfehlen zu sagen: „Schatz, ich will ab sofort am Monatsanfang 3.366 Euro aufs Konto, denn das ist mein Job wert.“ Es kann aber hilfreich sein, sich den eigentlichen Wert der häuslichen Arbeit klarzumachen.

TIPP

Stundenzettel

Erstellen Sie ab und zu einen Stundenplan, auf dem Sie einen Tag lang sämtliche Tätigkeiten notieren, die Sie für die Familie erledigen, zum Beispiel: einkaufen – 1 Stunde; für den Kinderladen kochen – 1,5 Stunden; Lena zum Reitunterricht bringen – 30 Minuten; Wäsche aufhängen und bügeln – 1 Stunde; ...

Ihr Vorteil: Sie haben schwarz auf weiß, was Sie gemacht haben, und können es auch Ihrem Partner zeigen, wenn er fragt: Was machst du eigentlich den ganzen Tag?

Aufschreiben macht Arbeit sichtbar

KAPITEL 5

Von meinem oder von deinem Konto? – Finanzielles Gleichgewicht mit Kontenmodellen

Machen wir weiter wie bisher? Behält jeder sein Konto? Werfen wir alles in einen Topf? Wer bekommt die Scheckkarte? Wer bezahlt die laufenden Kosten? Wer finanziert den Urlaub? Wer bestimmt den finanziellen Kurs?

Raus aus der Bettelfalle

Mutter steht in der Kittelschürze vor Vater, hält ihm demonstrativ das leere Portemonnaie vor die Nase und sagt vorwurfsvoll: „Und jetzt sag mir mal, wie ich davon ein Mittagessen kochen soll." Vater verdreht die Augen und knurrt: „Ich hab dir doch erst letzte Woche 100 Mark gegeben, die können doch nicht schon wieder weg sein."

Rückfall in alte Muster

Das klingt nach einer Szene aus den fernen 50er Jahren des 20. Jahrhunderts. Doch auch moderne Paare, die alles ganz anders machen wollen, geraten nach der Familiengründung schnell in solch alte Muster hinein und kommen sich vor wie im falschen Film. Bevor er zur Baustelle eilt, fragt sie verschämt, ob er mal 50 Euro hat, weil sie dringend in den Drogeriemarkt muss. Er kontert: „Ich wusste gar nicht, dass Windeln ein Vermögen kosten." „Kein Wunder, du kaufst ja nie welche", nörgelt sie. Und schon gibt es Streit.

Um Geld zu betteln ist entwürdigend

Um Geld betteln zu müssen ist entwürdigend. Wenn sie wegen der Kinder zu Hause bleibt und in dieser Zeit kein Geld verdient, landet sie schnell in der Bettelfalle und muss sich für jeden Pullover und jeden Lippenstift rechtfertigen. Steigt er vorübergehend aus dem Job aus, muss er sie erst um ihre EC-Karte bitten, wenn er sie einmal zum Essen einladen will. Wie peinlich!

Bei der Familiengründung ändert sich das Machtgefüge in der Partnerschaft. Wer Alleinverdiener ist oder den Löwenanteil des Geldes nach Hause bringt, steigt schnell zum Finanzminister auf und handelt nach dem Motto: Wer zahlt, bestimmt, wofür Geld ausgegeben wird. Erst entscheidet der Verdiener nur über die größeren Anschaffungen, später auch über die kleinen. Dieses Problem können Sie entschärfen, wenn Sie von Anfang an eine klare Kontenregelung treffen.

Kontenmodelle – Vor- und Nachteile

Das „unabhängige" Gemeinschaftskonto

Beide Partner haben Zugriff auf das Konto und können unabhängig vom anderen darüber verfügen.

Vorteil: Wer sich um Haushalt und Kinder kümmert, kann selbst das Geld abheben. Ein gemeinsames

Konto ist ein finanzielles Symbol der Partnerschaft und der Ausdruck, dass beide ihr Leben und ihr Geld mit dem des Partners verbinden.

Nachteil: Hat einer von beiden Schulden, kann das ganze Guthaben vollstreckt werden, weil beide gegenüber der Bank haften.

Die Verbraucherzentrale weist darauf hin, dass ein gemeinsames Konto in Krisenzeiten mit Risiken verbunden sein kann. Es kommt vor, dass einer der Ehepartner das Konto noch schnell vor einer geplanten Trennung plündert. Davor können Sie sich am besten mit einem Dreikontenmodell schützen (siehe Seite 63: Dreikontenmodell).

Gemeinsames Konto – riskant in Krisenzeiten

WICHTIG

Viele Frauen, die zu Hause bleiben, neigen nach der Familiengründung dazu, die Finanzen vollständig an den Partner zu delegieren. Überlassen Sie nicht alles Ihrem Mann. Kümmern Sie sich so viel wie möglich um Überweisungen, laufende Zahlungen, Fonds, Altersvorsorge und Steuererklärung.

Wenn Sie nach jahrelangem Desinteresse plötzlich seine Scheckkarte wollen, weil dicke Luft ist, und sich erst für Geld interessieren, wenn er mit Trennung droht, wird er verständlicherweise mauern und weder Informationen noch Geld herausrücken. Die meisten Paare fangen erst dann an, ernsthaft über Geld zu reden, wenn es bereits heftige Konflikte gibt. Rücken Sie rechtzeitig mit dem raus, was Ihnen nicht gefällt,

Die Kontrolle über die Finanzen behalten

was Sie ungerecht, unverständlich oder irritierend finden!

Vor allem Frauen scheuen sich, genau nachzufragen, mit wie viel Prozent das gemeinsame Guthaben verzinst wird und wie riskant der Aktienfonds ist, den er als „todsicher" bezeichnet. Informieren Sie sich. Vereinbaren Sie einen Termin bei Ihrem Bankberater und löchern Sie ihn so lange mit Fragen, bis Sie wirklich alles verstanden haben. Wenn Ihr Berater nicht in der Lage oder unwillig ist, Ihre Fragen verständlich zu beantworten, wechseln Sie die Bank! Es ist sein Job, Sie gut zu beraten.

Fragen Sie Ihren Berater so lange, bis Sie alles verstanden haben

Das „abhängige" Gemeinschaftskonto

Beide sind Kontoinhaber, aber sie können nur gemeinsam über das Konto verfügen. Das heißt: Jede Barabhebung und jede Überweisung muss von beiden unterschrieben werden.

Vorteil: Keiner der Partner kann das Konto nach einem Streit plündern oder größere Summen für eigene Bedürfnisse abheben, die nicht abgesprochen sind.

Nachteil: Unpraktisch und schwerfällig im Alltag.

Das Einzelkonto

Kontoinhaber ist nur ein Ehepartner. Er haftet alleine und kann auch nur alleine über das Geld verfügen. Oft stellt der Kontoinhaber dem Ehepartner eine Vollmacht aus.

Vorteil: Wenn nur der Bevollmächtigte Schulden hat, kann das Konto des Kontoinhabers nicht gepfändet werden.

Nachteil: Der Kontoinhaber hat wesentlich mehr Macht über das Geld.

Das Dreikontenmodell

Es gibt ein gemeinsames Konto und zwei persönliche Konten. Auf das gemeinsame Konto fließen sämtliche Einkünfte. Von diesem Konto werden Miete, Versicherungen, Lebensmittel, Telefon, Kinderbetreuungskosten, eine monatliche Sparrate und alle anderen Lebenshaltungskosten bezahlt. Der Rest wird geteilt und auf die beiden persönlichen Konten überwiesen. Ob sie ihr Geld in Schuhe und er seines in die Stereoanlage steckt, ist allein ihre beziehungsweise seine Angelegenheit.

Das Dreikontenmodell ist übersichtlich und praktisch

Vorteil: Derjenige, der mehr verdient, hat nicht mehr das Gefühl, dass sein Konto ständig geplündert wird. Wenn die Fixkosten weg sind, sind sie weg. Derjenige, der weniger oder gar nichts verdient, muss nicht um jeden Cappuccino oder jede neue Hose bitten.

Nachteil: Abgesehen von den Extra-Kontogebühren gibt es keinen Nachteil!

GUT ZU WISSEN

Wenn Ihr Partner einen schweren Unfall hat und im Koma liegt, haben Sie keine Möglichkeit, an sein Konto zu kommen. Es sei denn, Sie haben eine Vollmacht von ihm für den Notfall.

Achtung Altersvorsorge

Nicht bei Ihrer Altersvorsorge sparen

Wenn vorübergehend ein Einkommen wegfällt oder sich drastisch reduziert und das gemeinsame Geld knapp wird, kommen viele Paare auf die Idee, die Beiträge für die Altersvorsorge der Frau ruhen zu lassen, und atmen erleichtert auf: Puh, 200 Euro gespart. Er beruhigt sie mit den Worten „Schatz, ich leg doch genug zur Seite, das wird schon für uns beide reichen." Sie denkt sich: Es ist ja nur vorübergehend, ich steige sowieso bald wieder ein. Doch dann kommt das zweite Kind, aus zwei Jahren Auszeit werden in null Komma nichts fünf und mit jedem Jahr wird ihre Versorgungslücke größer. Was die wenigsten sich klar machen: Wenn Sie heute 500 Euro Rente haben wollen, müssen Sie 100.000 Euro Kapital ansparen.

90 % der Frauen wissen, dass sie schlecht vorsorgen

Die traurige Wahrheit sieht so aus: 80 % der Frauenaltersrenten liegen unter 600 Euro im Monat. Die meisten fangen viel zu spät an mit der Alterssicherung, sind zögerlich und trauen sich nur ganz niedrige Monatsbeiträge zu. 90 % der Frauen wissen, dass sie schlecht vorgesorgt haben, aber nur ein Viertel ist bereit, sofort etwas daran zu ändern.

Davon können Versicherungsmakler(innen) und Bankberater(innen) ein Lied singen. Die Bankkauffrau Claudia Häuser-Mogge hat viele Frauen zehn Mal beraten, aber am Ende kam kein Abschluss zustande. „Sie meinen immer, es könnte ein noch viel besseres Angebot kommen." Aus lauter Angst, die falsche Anlage zu wählen, treffen sie gar keine Entscheidung. „Doch die hundertprozentige Lösung gibt es nicht, weil sich Finanzen ständig verändern – wie das Leben."

Die perfekte Lösung gibt es nicht

Machen Sie sich klar: Nichts ist für die Ewigkeit, auch nicht Ihr Altersvorsorgemodell. Sie können jede Entscheidung rückgängig machen oder korrigieren.

Egal, wie knapp das Geld ist: Frauen sollten ihre Altersvorsorge auf keinen Fall abbrechen und sie unbedingt auf ihren eigenen Namen weiterlaufen lassen, notfalls mit einem reduzierten Monatsbeitrag. Läuft die Altersvorsorge über seinen Namen, muss er ihr im Fall einer Scheidung die Hälfte des Rückkaufswerts auszahlen. Das klingt gerecht, ist es aber nicht. Denn es bedeutet, dass ihre Versicherung aufgelöst wird, bevor sie finanziell richtig rentabel wird. Seine hingegen läuft weiter und er kommt in den Genuss des „Schlusskicks".

Rechtzeitig an die Rente denken

TIPP

Fangen Sie jetzt mit Ihrer Altersvorsorge an. Je früher, desto besser, auch wenn Sie nur einen kleinen Betrag zur Verfügung haben. Warten Sie nicht auf das ultimative Anlagemodell. Wenn Sie erst mit 55 damit anfangen, ist es viel schwieriger, eine stabile Vorsorge aufzubauen, als mit 30.

Wenn Sie zum Beispiel 200 Euro monatlich zur Verfügung haben, splitten Sie diesen Betrag auf. Legen Sie die Hälfte in Rentenpapieren an und die andere in einen Aktienfonds. Wenn Sie 100 Euro übrig haben und ganz auf Nummer Sicher gehen wollen, legen Sie den gesamten Betrag in Bundesschatzbriefen an.

Für Freiberufler

Wenn Sie vor 1961 geboren sind, sollten Sie einen Mindestbeitrag an die BfA zahlen, da Sie im Fall der Berufsunfähigkeit auf diese Weise noch eine Erwerbsminderungsrente bekommen können.

KAPITEL 6

Augen auf beim Unterschreiben! – Rechtliche Aspekte

Hand aufs Herz: Wenn Sie ehrlich sind, haben Sie wahrscheinlich keinen Schimmer, was Sie „am schönsten Tag Ihres Lebens" mit zitternder Hand vor dem Standesbeamten unterschrieben haben. Sie wussten alles über Menükarten, Brautkleider und ausgefallene Locations. Nur für die Lektüre des Gesetzestextes hat es nicht mehr gereicht. Doch wenn Sie aus den Flitterwochen kommen, ist ein kleiner Schmökerabend mit dem Bürgerlichen Gesetzbuch zu empfehlen.

Aus dem wahren Leben

Die Geschichte klingt wie aus einem schlechten Hollywood-Film, Titel: „D gegen D". In den Hauptrollen eine treuherzige, naive, arme Ehefrau und ein gemeiner, reicher Schurke als Ehemann. Am 1. Oktober 2002 kämpft Corinna D. vor dem Oberlandesgericht München gegen einen Ehevertrag, den sie selbst während ihrer zweiten Schwangerschaft unterschrieben hat. Darin hat sie für den Fall der Scheidung auf sämtliche Ansprüche verzichtet.

Geldverlust durch Scheidung

In der Trennungsphase wird ihr klar, dass ihr durch diese Unterschrift zigtausende von Euro durch die

Lappen gehen und ihr nur der Mindestunterhalt bleibt. Sie klagt gegen den Ehevertrag und fordert die Hälfte vom Geld ihres Mannes. Das Gericht gibt ihr in erster Instanz Recht und verwirft den Ehevertrag als sittenwidrig, weil sie ihn in der Notlage der Schwangerschaft geschlossen hat. (Details zu Eheverträgen siehe Seite 76 „Vertrauen ist gut, Verträge sind besser".)

Umfangreiche Zahlungen stehen in Aussicht, da ihr Mann als Unternehmensberater bis zu 27.000 Euro im Monat verdient hat. Vor dem Bundesgerichtshof verliert die zweifache Mutter jedoch. Dass sie eine Zeit lang nur als Familienmutter gearbeitet hat, nennt der BGH „eine riskante Lebensentscheidung", deren Folgen die Frau selbst zu tragen habe.

Wir wissen nicht, was im Hause D. tatsächlich passiert ist: ob ihr Mann Frau D. mit einem Vertragsentwurf überrumpelt und unter Druck gesetzt hat oder ob sie fahrlässig gutgläubig unterschrieben hat, ohne das Kleingedruckte zu lesen. Mag sein, dass das ein Extremfall ist. Trotzdem hat die Geschichte eine wichtige Lektion für alle Paare zu bieten:

Das Kleingedruckte lesen

WICHTIG

Vor dem Unterschreiben sollten beide ganz genau prüfen, was sie unterschreiben. Vom Mini-Ratenkredit bis zur Steuererklärung. Die Erfahrung zeigt: Auch Frauen und Männer, die im Leben stehen und ihre Finanzen jahrelang gut geregelt haben, werden nach der Familiengründung in Geldangelegenheiten unselbstständig und unterschreiben mit geschlossenen Augen.

Gemeinsame Anschaffungen

Jeder Ehegatte hat das Recht, „Geschäfte zur angemessenen Deckung des Lebensbedarfs der Familie mit Wirkung auch für den anderen Ehegatten zu tätigen". Bis zur Reform des Eherechts hieß das „Schlüsselgewalt". Ein Ehepartner darf etwa neues Heizöl bestellen oder einen Großeinkauf machen und der andere Ehepartner haftet dafür mit. Beide sind verpflichtet, die Rechnung zu bezahlen, auch wenn nur einer den Kauf getätigt hat. Voraussetzung ist, dass die Anschaffung wirklich dem gemeinsamen Haushalt zugute kommt.

Leistet sie sich ein Haute-Couture-Kleid im Wert von zwei Monatsgehältern, ist das ihr Problem. Bestellt er eine sündhaft teure Stereoanlage, die das Familienbudget hoffnungslos sprengt, und übernimmt sich damit, ist das allein seine Sache. Entscheiden sich beide im Überschwang der Begeisterung für die Designer-Sofagarnitur, die drei Nummern zu groß ist, müssen sie den Kredit, den sie dafür aufnehmen, auch gemeinsam abstottern, selbst wenn auf dem Ratenkreditvertrag nur ein Name steht.

Keine finanziellen Alleingänge machen

Den folgenden Satz werden viele Männer nicht gerne lesen. Es hilft nichts. Sie müssen trotzdem durch: Bevor Sie ein größeres Aktienpaket kaufen oder abstoßen, sollten Sie sich mit Ihrer Frau beraten, auch wenn Sie insgeheim vermuten, dass Ihre Liebste DAX für eine Waschmittelmarke hält. In wichtigen gemeinsamen finanziellen Angelegenheiten darf kein Ehepartner den anderen vor vollendete Tatsachen stellen. Das besagt das Eherecht. Über derartige Entscheidungen haben die Ehepartner sich zu verständigen und zu beraten.

Übrigens: In Börsenangelegenheiten können Männer nur gewinnen, wenn sie sich an diesen Grundsatz des Eherechts halten. Frauen sind nachweislich weniger anfällig für riskante Börsengeschäfte und erzielen mehr Gewinne.

Meine Schulden – deine Schulden?

Ein Ehepartner muss nicht für die Schulden des anderen geradestehen

Jeder Ehegatte haftet allein mit seinem eigenen Vermögen für alle vor und während der Ehe von ihm eingegangenen Verbindlichkeiten. Das heißt auch: Er muss grundsätzlich nicht für die Schulden des anderen Ehegatten einstehen, vom bereits erwähnten Fall der Geschäfte zur angemessenen Deckung des Lebensbedarfs einmal abgesehen.

Wenn er sich bei der Bank Geld leiht, um sich das Segelboot zu kaufen, von dem er seit Jahren träumt, muss er dafür finanziell allein geradestehen. Wenn sie mit ihrer Kreditkarte ihr Lieblingsschuhgeschäft (dieses Klischee stimmt leider) und ihr Konto plündert, kann der Inhaber des Schuhgeschäfts im Fall ihrer Zahlungsunfähigkeit das Geld nicht einfach vom Konto ihres Ehemannes pfänden lassen. Das gilt auch gegenüber dem Finanzamt.

BEISPIEL

Ein Partner ist selbständig. Er hatte im letzten Jahr ein Auftragshoch. Vor lauter Begeisterung über den Geldsegen hat er nichts zurückgelegt, nun leidet er in diesem Jahr unter einem hartnäckigen Auftragstief und ist mit den Steuern hoffnungslos im Rückstand. Wenn das Finanzamt dreimal vergeblich klingelt, kann nur das Konto des Steuerschuldners gepfändet werden, nicht aber das seines Ehepartners.

Anderes gilt nur, wenn beide gemeinsam handeln, zum Beispiel zusammen einen Kredit aufnehmen, um die neue Wohnung einzurichten.

GUT ZU WISSEN

Ist ein Ehepartner der Arbeitgeber des anderen, dann müssen die Verträge einem so genannten Fremdvergleich standhalten. Das heißt: Sie müssen mit Bedingungen verglichen werden, die normalerweise vereinbart würden, wenn nicht der Ehepartner, sondern ein gleich qualifizierter Dritter beschäftigt wird. Das gilt zum Beispiel für den Arzt, der seine Frau jahrelang zu einem Spottpreis als Sprechstundenhilfe beschäftigt. Kommt es zur Scheidung, wird für den Zugewinnausgleich ihre Tätigkeit mit einem realistischen Gehalt berechnet, wie es jede andere Sprechstundenhilfe auch bekommt.

Scheinarbeitsverträge sind Steuerbetrug

Auch Scheinarbeitsverträge können teuer werden: Wenn er Architekt ist und sie pro forma als Bürohilfe anstellt, um Steuern zu sparen, sie aber nachweislich keinen Finger für die Firma krümmt, ist das vorsätzlicher Steuerbetrug.
Kommt das Finanzamt beiden auf die Schliche, hat der interne Scheinvertrag vor Gericht keine Gültigkeit. Beide können wegen Steuerbetrug belangt werden.

Bürgschaften

Frauen neigen bei Bürgschaften zu Leichtsinn

Mit den Schulden des Ehepartners hat der andere Partner grundsätzlich nichts zu tun. Etwas anderes gilt nur, wenn die Schulden gesondert übernommen werden. Wenn sie also beispielsweise so leichtsinnig war, eine Bürgschaft für die Schulden des Ehepartners zu unterschreiben.

Vor allem Frauen neigen dazu, kopflos zu agieren, wenn der Mann sie um eine „kleine Finanzspritze" für den Aufbau seines Geschäfts bittet, und sind bereit, ihre ganzen Ersparnisse in windige Ideen zu stecken. Wenn sie für den Kauf seines Firmenwagens eine Bürgschaft unterschrieben hat und er die Raten fürs Auto nicht mehr zahlen kann, muss man nicht Nostradamus sein, um vorauszusagen, dass der Gläubiger sich mit seiner Forderung an den bürgenden Ehepartner halten wird.

VORSICHT

Viele Existenzgründungsprogramme von EU, Bund und Ländern zwingen Ehefrauen geradezu in die bürgende Abhängigkeit von ihrem selbständigen Ehemann. Die Gründerin der Initiative bürgschaftsgeschädigter Frauen in Berlin, Annette Schmedt, vermutet, dass hinter jeder Insolvenz eine bürgschaftsgeschädigte Frau steht. Die Schuldnerberatungsstellen raten Frauen deshalb davon ab, sich leichtsinnig in die Schulden des Ehemanns miteinbeziehen zu lassen.

Frauen und Bürgschaften

Regeln für das Unterschreiben von Bürgschaften

- Unterschreiben Sie eine Bürgschaft nur, wenn Sie Ihr eigenes Risiko genau überblicken und zu dem Schluss kommen, dass Sie es tragen können.
- Vertrauen Sie nicht nur seinen Auskünften, lassen Sie sich auch den Businessplan zeigen und Ihr Risiko von einem neutralen Dritten gegenrechnen.
- Bürgen Sie, wenn überhaupt, nur für einen Kredit, den Sie aus eigener Tasche abbezahlen können.
- Übernehmen Sie keinen Kredit auf Ihren Namen, um seinen Betrieb zu finanzieren.
- Lassen Sie sich nicht als Teilhaberin seiner GbR (Gesellschaft bürgerlichen Rechts) eintragen, auch wenn er beteuert: „Das ist doch nur pro forma.“ Wenn das Geschäft den Bach runtergeht, hängen Sie mit drin. Besser ist, wenn einer der Partner „unbelastet“ ist. Im Falle einer Insolvenz kann dann einer von Ihnen noch über ein Girokonto verfügen, ein ungepfändetes Einkommen erzielen und das Familienleben weiter sichern.

Schluss mit sorglos

Es klingt unglaublich, ist aber wahr: Es gibt immer noch Männer, die sagen: „Ach Schatz, überlass die Finanzen doch mir. Belaste dich nicht damit“ – und sich beharrlich weigern, ihrer Frau zu erzählen, was sie verdienen. Und es gibt immer noch Frauen, die erleichtert aufatmen und ihm sämtliche Papiere inklusive Versicherungspolicen und Rentenbescheiden mit einem unschuldigen Augenaufschlag in die Hand drücken, ohne sie je wieder eines Blickes zu würdigen.

Wer die Finanzen regelt, muss die Zahlen auf den Tisch legen

Natürlich kann ein Paar einen Finanzminister bestimmen. Das sollte jedoch keine Lizenz zum Dornröschenschlaf sein. Denn im Zweifelsfall werden Sie nicht sanft wachgeküsst, sondern brutal wachgerüttelt. Jeder Finanzminister muss seinen Job gut machen und die Zahlen schwarz auf weiß auf den Tisch legen, sonst wird er abgewählt. Das gilt auch für das Kleinunternehmen Ehe und Familie. Ein Mann, der sich weigert, seinen Kontostand mitzuteilen, ist für das Amt des Finanzministers nicht geeignet, ebenso wenig eine Frau, die es für unter ihrer Würde hält, sich mit Kontoauszügen, Rentenbeiträgen und Stromrechnungen zu beschäftigen.

Vorsicht Steuererklärung

TIPP

Der Verband der Familienfrauen und -männer rät, die Steuererklärung nicht zwischen Tür und Angel zu unterschreiben, sondern sich dafür Zeit zu nehmen und die Angaben des Ehepartners zu prüfen. Falsche Angaben können unangenehme Folgen für beide haben – auch für den, der nur mit unterschrieben hat.

Zugegeben, das klingt jetzt verdächtig nach dem Manifest einer feministischen Partei. Frauen, lasst euch nicht reinlegen, die Männer sind alle Verbrecher! Nur: Einem Mann den Tipp zu geben, die Kontrolle über das Geld zu behalten, ist in der Regel überflüssig. Und es kommt nun einmal nicht so häufig vor, dass eine gerissene Geschäftsfrau ihren Gatten, der sich als Hausmann um Kinder und Küche kümmert, zu einer Unterschrift überredet, mit der er auf alles verzichtet, und dann das Geld außer Landes schafft, während er gerade die Kleinen in den Kindergarten bringt.

Eherecht leicht gemacht

Die Ehe ist eine romantische Vorstellung, aber in erster Linie ein großer, lebenslanger Vertrag. Grundsätzlich leben Ehepartner im gesetzlichen Stand der **Zugewinngemeinschaft**. Das gilt automatisch, wenn Sie nichts anderes vereinbart haben, zum Beispiel in Form eines Ehevertrages.

Was bedeutet Zugewinngemeinschaft?

Die meisten denken, dass nach dem Termin beim Standesamt alles beiden gehört. Das stimmt nicht. Bei der Zugewinngemeinschaft gehört jedem Partner das Vermögen, das er mit in die Ehe gebracht hat. Dann ist es doch sinnvoll, große Listen zu schreiben. Von A wie Antiquitäten bis Z wie Zuckerzange.

Jeder Ehegatte bleibt nämlich auch nach der Eheschließung alleiniger Inhaber seines Vermögens. Alles, was Sie von Ihrem Geld kaufen, gehört Ihnen. Auch Erbschaften und Schenkungen müssen Sie interessanterweise nicht teilen. Wenn die Ehe ein Leben lang hält, gibt es sowieso kein Problem. Stirbt ein Partner, erhält der andere die Hälfte des Vermögens und den Hausrat.

Im Falle einer Trennung gibt es einen Vermögensausgleich. Vom Tag der Hochzeit erfolgt eine „Vorher/Nachher-Betrachtung“: Es wird festgestellt, wie viel Vermögen im Laufe der Ehe hinzugekommen ist. Der Zugewinn ermittelt sich, indem man vom Vermögen alle Schulden und Verbindlichkeiten und das Ausgangsvermögen, das in die Ehe eingebracht wurde, abzieht. Übrig bleibt der Zugewinn, der auf beide Ehepartner gleich verteilt wird.

Ehevertrag statt Rosenkrieg

Das klingt eindeutig und klar, aber in der Praxis sieht die Sache anders aus: Häufig gibt es jahrelange Prozesse, in denen erbittert um Unterhalt und Immobilien gestritten wird. Beide Seiten setzen vom Privatdetektiv bis zur gezielten Verleumdung alle Mittel ein. Das bestätigt auch Klaus Büscher, Rechtsanwalt mit Schwerpunkt Eherecht, der mit 20 Jahren Praxis jeden Stachel im Rosenkrieg kennt. Aufgrund seiner Erfahrung empfiehlt er besonders Paaren mit komplizierten und wenig transparenten Einkommenssituationen (Freiberufler mit großen Einkommensschwankungen oder Paare mit sehr unterschiedlichen Vermögensverhältnissen), sich vor der Ehe auf einen Ehevertrag zu verständigen.

Vertrauen ist gut, Verträge sind besser

Aber was ist eigentlich der viel beschworene Ehevertrag? Was es wirklich bedeutet, ihn aufzusetzen, unterschätzen die meisten. Denn es heißt, ernsthaft über die Trennung und die Aufteilung des Vermögens nachzudenken. Am Anfang ist die Liebe groß und das gegenseitige Wohlwollen noch größer. Da kann man sich doch locker bei Wein und Kerzenschein einigen, wie man die Finanzen im Fall einer Scheidung regelt. Aber es geht ans Eingemachte. Der Vorteil ist: Falls die Ehe scheitert, haben Sie rechtzeitig alles geregelt. Bei den Gesprächen über einen Ehevertrag sollten Sie auch über Ihre Ängste, Befürchtungen und Bedürfnisse reden.

Wichtige Fragen beim Ehevertrag

Weil Verträge nur für denjenigen gut sind, der sich damit auskennt, sollten Sie sehr aufmerksam sein (mehr dazu siehe Anhang). Wollen Sie wirklich auf Unterhalt verzichten, nur weil Sie gerade einen Superjob haben und sicher keine Mutter von fünf Kindern werden? Und wollen Sie tatsächlich Ihr Unternehmen zur Hälfte an Ihre Frau abtreten?

WICHTIG

Damit der eine den anderen nicht zu wahnwitzigen Unterschriften verführen kann, gelten bei Eheverträgen, die Regelungen über das Güterrecht oder den Versorgungsausgleich beinhalten, nur diejenigen, die von einem Notar beurkundet werden. Jede andere Form ist ungültig! In den Ehevertrag können Sie fast alles schreiben, was Sie wollen, allerdings darf der andere nicht offensichtlich benachteiligt werden. Und es darf auch keine Zwangssituation ausgenutzt werden (zum Beispiel Schwangerschaft).

Sie können Unterhaltszahlungen vereinbaren, Rentenentscheidungen treffen, den Umgang mit Schenkungen regeln und sich auch für einen anderen Güterstand entscheiden, zum Beispiel den der Gütertrennung.

Gütertrennung

Genaue Buchführung bei Gütertrennung

Während der Ehe bleiben auch hier die Vermögen getrennt, jeder Partner ist für seinen Teil zuständig. Das bedeutet aber auch viel Arbeit. Die Partner müssen kontinuierlich Buch führen: Was gehört wem? Das klingt nicht gerade romantisch und soll es auch nicht sein. Im Falle einer Scheidung gibt es keinen Zugewinnausgleich. Bis zum Tode behält jeder, was ihm gehört. Beerbt einer den anderen, muss er das geerbte Vermögen versteuern. Gütertrennung ist sinnvoll für Paare, die bewusst keine gemeinsame Haftung eingehen wollen, zum Beispiel Unternehmer, die bei einem eventuellen Konkurs das Vermögen der Ehefrau retten wollen.

Gütergemeinschaft

Beide Ehepartner geben alles, was sie besitzen, in die Ehe. Alles kommt in einen Topf, über den jedoch nur einer bestimmen darf. Diese Form der Alleinherrschaft wirkt heute mehr als antiquiert. Sie basiert auf der Vorstellung, dass der Ehemann das Vermögen alleine verwaltet und die Frau nichts zu entscheiden hat. Diese Form geht am modernen Leben vorbei und ist deshalb aus der Güterstandsmode gekommen. Im Scheidungsfall wird das gesamte Vermögen zu gleichen Teilen getrennt. Die Schulden werden natürlich auch geteilt!

Eheverträge

Wer hat schon Lust, sich durch so unerotische Begriffe wie Scheidungsfolgenvereinbarung oder Versorgungsausgleich zu kämpfen? Schließlich ist man froh, wenn man es endlich geschafft hat, die Unterlagen für die Rente auszufüllen. Überwinden Sie sich trotzdem: Überlegen Sie, was mit dem Häuschen, dem Erbe und den gemeinsamen Anschaffungen passieren soll. Sonst sind Sie später bitter enttäuscht, wenn Sie den Alltag mit Ihrem Gehalt finanziert haben und Ihr Partner eine Erbschaft oder Schenkung bekommt, von der Sie gar nichts haben. Er kann eine Weltreise damit machen und Sie dürfen am Flughafen stehen, ihm hinterherwinken und sofort weiterschuften.

Was soll mit dem Erbe und den gemeinsamen Anschaffungen passieren?

Für den Rechtsanwalt Klaus Büscher sprechen auch finanzielle Gründe für einen Ehevertrag. Seiner Erfahrung nach kosten Eheverträge im Schnitt etwa 1.000 Euro. Das ist ein Zehntel von dem, was Anwälte an kostspieligen Scheidungsprozessen verdienen. Denn manches böse Verfahren mit immer neuen Geldforderungen, Unterhaltsklagen und teuren Gutachtern kann je nach Vermögen 10.000 bis 15.000 Euro kosten. Besonders anfällig für Scheidungen sind so genannte Divergenz-Ehen, in denen die Partner große Unterschiede überbrücken müssen. Er bringt ein großes Erbe ein, sie hingegen nichts. Sie verdient sehr gut, er hat nur unregelmäßige Einnahmen. Oder er ist 20 Jahre älter als sie.

Eheverträge sind günstiger als teure Scheidungsprozesse

Bei Selbständigen sind die Einkommensverhältnisse besonders schlecht nachzuvollziehen. Wenn eine

Trennung ansteht, kann der besser verdienende Partner durch große Investitionen oder geheime Konten im Ausland langsam, aber sicher sein Einkommen auf dem Papier so reduzieren, dass er viel weniger hat oder angeblich nur Verluste macht. Die Folge: Nach der Scheidung bekommt der Ex-Partner viel weniger, als ihm eigentlich zusteht.

BEISPIEL

Er ist Handwerksmeister und arbeitet zu 60 % regulär und zu 40 % schwarz. Die 40 % Prozent kann ihm seine geschiedene Frau nie nachweisen.

Oder: Er ist Arzt, kauft sich einen nagelneuen Mercedes, schreibt ihn ab und mindert durch den geringeren Gewinn im Ergebnis den Verkaufswert seiner Praxis und somit auch die Höhe des Anspruches auf Zugewinnausgleich.

Klartext im Ehevertrag

Klare und konkrete Vereinbarungen treffen

Je klarer und konkreter die Regelungen in Ihrem Ehevertrag sind, desto besser. Bestimmen Sie eine feste Summe, den der Partner als Ausgleich bekommen soll. Den Betrag und alle anderen Regelungen können Sie jederzeit korrigieren und an Ihre veränderte Lebenssituation anpassen.

WICHTIG

Informieren Sie sich, gehen Sie zum Steuerberater und zum Rechtsanwalt, fragen Sie Freunde und sprechen Sie mit Ihrem Partner. Welche Ängste haben Sie? Können Sie sich vorstellen, dass Ihr Mann sein Vermögen verschwinden lässt, wenn es in der Ehe kriselt? Halten Sie es für wahrscheinlich, dass Ihre Frau Ihnen mit immer neuen Unterhaltsansprüchen langsam, aber sicher die Luft abdreht? Besprechen Sie diese Fragen miteinander, wenn es Ihnen gut geht. In entspannten Phasen können Sie gelassener über das geerbte Haus, die geschenkten Aktien und die wertvollen Antiquitäten reden.

Den Partner realistisch einschätzen

Haus- und Wohnungskauf

Des Deutschen größter Wunsch ist eine eigene Immobilie. Ob Haus oder Wohnung: Sobald sich Paare finden und dann noch Kinder kommen, beginnen die Diskussionen über den Umzug. Die Straße ist plötzlich zu gefährlich, die Stunden auf dem Spielplatz sind verschenkte Lebenszeit. Ein Garten wird schmerzlich vermisst. Und wie schön wäre alles in einem kleinen Häuschen ohne Über- und Untermieter, nur wir allein!

Der Traum vom eigenen Haus

Die Hausbanken beflügeln den Traum, weil sie wissen, dass gerade junge Familien sich nach einem Nest sehnen. Die Zinsen sind niedrig, die Miete ist hoch. Und wer will schon die nächsten 30 Jahre Berge von Euros einem fremden Eigentümer in den Rachen werfen?

ACHTUNG

Setzen Sie die rosarote Brille ab! Wenn Sie nicht kräftig geerbt oder ein gutes Eigenkapitalpolster angespart haben, müssen Sie sehr genau rechnen. Fachleute empfehlen: Sie sollten mindestens 15 bis 20 % der Gesamtkosten durch Eigenkapital decken können.

Die Banken reden Ihnen Ihr Vorhaben gerne schön, weil sie in jedem Fall verdienen, auch wenn Sie sich überheben. Sie sind auf Jahre miteinander verbunden, aber eigentlich haben Sie ja Ihren Partner als Gefährten fürs Leben gewählt – und nicht die Bank!

Realistisch rechnen: Nur feste Einnahmen zählen

Um eine realistische Einschätzung zu bekommen, wie viel Geld Sie für Ihre geplante Immobilie ausgeben können, sollten Sie als Erstes Ihre monatliche finanzielle Belastbarkeit herausfinden. Dazu müssen Sie die monatlichen Einnahmen den monatlichen Ausgaben gegenüberstellen. Wenn Sie unserem Rat aus Kapitel 1 gefolgt sind und ein Haushaltsbuch angelegt haben, sind Sie jetzt fein heraus. Wenn nicht, sollten Sie erst einmal das monatliche Einkommen bestimmen (Nettoeinkommen). Nur feste Einnahmen dürfen gezählt werden, keine Sonderzahlungen. Selbstverständlich gehören Kindergeld, regelmäßige Mieteinnahmen etc. auch dazu.

Den Einnahmen stehen die monatlichen Belastungen, die Ausgabenseite, gegenüber. Und auch da müssen Sie wirklich alle regelmäßigen Zahlungen auflisten: Versicherungen, Kindergarten- oder Hortplatz, Abos von Zeitschriften, ... Bei Verbraucherzentralen oder im Internet können Sie Vordrucke beziehen, in die Sie Einnahmen und Ausgaben eintragen.

Nun ziehen Sie noch Ihre Lebenshaltungskosten ab. Folgende Beträge gelten als Richtwerte für Lebenshaltungskosten:

Richtwerte für Lebenshaltungskosten

- Für Alleinstehende: 550 Euro
- Für ein Ehepaar: 850 Euro
- Pro Kind zuzüglich: 200 Euro

Das heißt, dass eine Familie mit zwei Kindern mit ca. 1.250 Euro auskommen kann.

Übrig bleibt (idealerweise) ein freier Betrag, den Sie für die Finanzierung Ihrer Immobilie verwenden können. Wie groß Ihr finanzielles Polster darüber hinaus sein soll (je nach gewohntem und gewolltem Lebensstandard), müssen Sie selbst entscheiden (Urlaub, Freizeitgestaltung etc.).

Günstige Kredite für Familien vergibt die Kreditanstalt für Wiederaufbau. Unter www.kfw.de können Sie sich einen ersten Überblick verschaffen.

Fördermöglichkeiten

Interessant sind auch besondere Fördermöglichkeiten in den unterschiedlichen Bundesländern. Unter www.baufoerderer.de > Förderrechner > Förderrechner Bundesländer können Sie sehen, welche Bestimmungen in Ihrem Bundesland gelten. Das Land Berlin zum Beispiel hat die Förderung von Wohneigentum eingestellt. Und die lukrative Eigenheimzulage für Familien mit Kindern ist leider abgeschafft.

Es gibt unendlich viele Berechnungen und Tabellen zum Immobilienerwerb. Sie können sich mittlerweile gegen Zahlungsschwierigkeiten bei Arbeitslosigkeit oder Arbeitsunfähigkeit versichern lassen. Das Einzige, was keine Versicherung übernimmt, sind die finanziellen Folgen von Ehestreit.

Finanziellen Spielraum behalten

TIPP

Rechnen Sie die Aufwendungen für die Immobilie realistisch. Ihr Familienleben wird schwierig, wenn Sie ständig an Ihre finanziellen Grenzen stoßen und nicht mehr in den Urlaub fahren können, die Kinobesuche streichen und über jede Mini-Anschaffung diskutieren müssen. Übrigens: Um sich den Traum vom Leben in einem Haus zu erfüllen, müssen Sie es nicht unbedingt kaufen. Mieten ist auch eine Alternative.

Langfristig denken

Denken Sie langfristig. Für ein zweijähriges Kind gibt es nichts Schöneres, als im eigenen Garten Sandburgen zu bauen, während Sie den Kräutergarten pflegen. Schon ein Jahr später ist plötzlich viel wichtiger, ob es in der Nähe einen guten Kindergarten gibt. Geht Ihr Kind in die Schule, haben Sie schnell einen Halbtagsjob als Chauffeur.

Denken Sie nicht nur an Ihre Kinder, sondern auch an sich selbst. Wenn Sie genug vom Lärm der Stadt haben und schon lange davon träumen, am Waldrand zu wohnen, dann ziehen Sie dorthin. Ärgern Sie sich ständig über Ihren Vermieter, denken Sie über eine Eigentumswohnung nach. Wenn Sie zu knapp rechnen müssen, bleiben Sie in Ihrer überschaubaren Mietwohnung und suchen sich ein Wochenendhäuschen zur Pacht. Die alte Regel „Beim Bauen ist ein Euro fünfzig Cent wert" gilt immer noch – auch bei der „schlüsselfertigen Hausübergabe".

KAPITEL 7

Unterschiedliche Geldstile – wie Sie am besten damit umgehen

Auch wenn wir es nicht gerne zugeben: In der Liebe sind wir alle strenge Buchhalter. Der eine wacht mal mit Argusaugen, mal mit mildem Blick über das, was der andere tut und vor allem nicht tut. Von morgens bis abends verbuchen wir Einzahlungen und Abhebungen vom Beziehungskonto.

Das Beziehungskonto

Plus und Minus auf dem Beziehungskonto

Bringt er Blumen mit oder besorgt er Konzertkarten für ihre Lieblingsband, wird das als dicke Einzahlung verbucht. Muss er über Wochen jeden Sonntag ins Büro, riskiert er, irgendwann ins Minus zu rutschen. Dasselbe passiert auch in Freundschaften. Wenn der eine das Gefühl hat, ständig Feuerwehr spielen zu müssen, der andere hingegen nie Zeit hat, wenn man ihn braucht, wird das irgendwann als einseitige Kontenplünderung verbucht. Und es gibt vermutlich Zoff.

Kontoführung in der Liebe

Dass der innere Buchhalter über Geben und Nehmen in Liebesbeziehungen und Freundschaften wacht, ist im Prinzip gesund. Problematisch ist diese Form der Kontenführung allerdings, weil sie nicht so nüchtern funktioniert wie in der Finanzwelt. Während in der Finanzwelt nur Gleiches mit Gleichem verrechnet werden kann, verrechnet man bei den Beziehungskonten gerne Äpfel mit Birnen.

Wenn sie sich um Kinder und Haushalt kümmert, zahlt sie täglich hohe Summen aufs Beziehungskonto ein. Wenn er das jedoch als Pipifax ansieht nach dem Motto „Das ist doch keine Leistung", kann sie sich abrackern wie verrückt und kommt in seinen Augen doch nie ins Plus.

In derselben Währung rechnen

Wenn er eine Fortbildung macht, um eine bessere Position übernehmen zu können, die der Familie mehr Geld bringt, und sie abfällig sagt: „Du mit deinen Fortbildungen, hilf mir mal lieber beim Kochen", hat auch er keine Chance, Punkte zu machen.

Wenn beide den Einsatz des anderen nicht schätzen, gibt es Streit um die Einzahlungen. Das klingt dann so: „Ich hab mir so viel Mühe gegeben mit dem Kochen und du schlingst es in drei Minuten runter!" Oder: „Ich mache die Überstunden, damit wir uns den Urlaub leisten können – und du machst mir nur Vorwürfe!"

WICHTIG

Damit Geben und Nehmen ausgeglichen sind, müssen beide in derselben Währung rechnen. Wenn das, was der eine einzahlt, in den Augen des anderen Falschgeld ist, sind ständige Konflikte vorprogrammiert. Verständigen Sie sich über Ihre Währung und den Wechselkurs.

Gleichgewicht von Geben und Nehmen

Lange Partnerschaften haben den Vorteil, dass die Kontenführung langfristig angelegt ist. Das heißt: Es macht nichts, wenn einer das Beziehungskonto eine Zeit lang überstrapaziert, indem er mehr nimmt als gibt. Es muss kein Problem sein, wenn ein Partner zum Beispiel ein Studium aufnimmt, das der andere finanziert. Entscheidend ist, dass sich beide über die „Rückzahlungsmodalitäten" verständigen. Wenn er sich mit ihrer Hilfe den Traum von einem Aufbaustudium erfüllen konnte, darf sie vielleicht die Abenteuerreise nach Südamerika machen oder ein bisschen weniger arbeiten, um den Krimi fertig zu schreiben, der in der Schublade liegt.

Der Vorteil von langjährigen Partnerschaften

Viele Paare machen den Fehler, dass sie sich in fruchtlose Diskussionen über die Art der Rechnung verstricken. Jeder versucht, dem anderen vorzurechnen, dass das, was er eingebracht hat, viel mehr wert ist als der Beitrag des anderen. „Ich manage unsere ganzen Termine", sagt sie, „hast du eine Ahnung, wie viel Zeit das kostet?" „Dafür kutschiere ich dauernd die Kinder und deine Mutter durch die Gegend, das dauert dreimal so lange. Und wenn ich nicht die meiste Knete ranschaffen würde, hättest du gar nichts zu managen", kontert er. Diese Art der Auseinandersetzung ist eine Sackgasse. Denn es gibt keine objektive Tabelle, auf der man nachlesen kann, was wie viel wert ist, es gibt nur subjektive Maßstäbe. Und über die lässt sich nun einmal nicht streiten.

Fruchtlose Diskussionen über Plus und Minus

Geld und Anerkennung

Einen objektiven Maßstab gibt es aber doch: Geld und Anerkennung sind stark gekoppelt. Wer viel verdient, genießt hohes Ansehen; wer kein Einkommen hat, steht am Rande der Gesellschaft und muss zuschauen.

Knauser trifft Verschwenderin

Sicher gibt es auch Paare, die sich völlig einig sind, welchen Lebensstil sie möchten, wie oft sie in Urlaub fahren, was Geschenke für Freunde kosten dürfen, wie viel Geld in die Altersvorsorge fließen soll und wie viel Luxus erlaubt ist. Herzlichen Glückwunsch, wenn das bei Ihnen so ist! Sie gehören zur Gruppe der Glückseligen.

Unterschiedliche Geldtypen

Laut einer Umfrage der Zeitschrift „Freundin" von 2004 sind bei jedem dritten Paar die Partner davon überzeugt, dass der andere das Geld für die falschen Sachen ausgibt. Weil ganz unterschiedliche Geldtypen zusammenleben:

- Knauser trifft Verschwenderin.
- Schnäppchenjägerin liebt Lebemann.
- Dagobert tut sich mit Sterntaler zusammen.
- Börsenexperte liebt Madame Ahnungslos.

Der eine ist vielleicht risikofreudig, impulsiv und ein bisschen chaotisch, der andere zurückhaltend, pingelig in der Buchführung und langsam bei Entscheidungsprozessen. Unterschiedliche Geldstile können die Partnerschaft bereichern oder belasten. Es kommt darauf an, wie man mit ihnen umgeht.

Am Anfang der Liebe sind Unterschiede faszinierend. Dass er so viel freigiebiger und abenteuerlustiger ist als sie, macht ihn in ihren Augen attraktiv. Und sie wünscht sich, dass ein bisschen was davon auf sie abfärbt. Umgekehrt imponiert ihm vielleicht, dass sie sorgfältiger abwägt und sich nicht so schnell zu riskanten Schritten bewegen lässt.

Anfangs ziehen sich Gegensätze an, später können sie sich abstoßen

Doch wenn die Anfangseuphorie vorbei ist und der Haussegen schief hängt, sieht sie in seiner Freigiebigkeit plötzlich unverantwortliche Prasserei. Und er findet sie nicht mehr sorgfältig, sondern grauenhaft pingelig.

Unterschiede funktionieren in der Liebe wie eine Kippfigur. Wenn die Stimmung schlecht ist, sieht man von der Figur plötzlich nur noch die Rückseite, das heißt das Negative. Was einen zuerst fasziniert hat, geht einem plötzlich furchtbar auf den Wecker.

Wie konnte ich nur auf so eine Verschwenderin reinfallen? Die schmeißt das Geld mit vollen Händen aus dem Fenster!

Meine Güte, ist das ein Pfennigfuchser, bald muss ich ihm für jeden Cent eine Quittung bringen! Wieso hab ich das nicht schon vorher gemerkt?

Jetzt kommt der entscheidende Punkt. Das Paar hat die Wahl, sich immer tiefer in eine Negativspirale hineinzubewegen oder Stopp zu sagen.

TIPP

Hintergrundgespräche

Warten Sie, bis sich die Wogen geglättet haben. Wählen Sie einen entspannten Moment, um sich darüber auszutauschen, warum Sie jede Rechnung kontrollieren, grundsätzlich zu teure Geschenke kaufen oder Ihre Gehaltserhöhung für sich behalten. Halten Sie sich an folgende Gesprächsregeln:

Gesprächsregeln

- Geben Sie Ihrem Partner die Gelegenheit, seine Sichtweise darzustellen.
- Lassen Sie ihn ausreden, ohne zu kommentieren und ohne zu bewerten.
- Versuchen Sie, in Ihren eigenen Worten wiederzugeben, worum es dem anderen geht.
- Vergewissern Sie sich, ob Sie ihn richtig verstanden haben.
- Danach sind Sie dran mit Ihrer Sichtweise.

(Ausführlicher zum Thema Gesprächskultur siehe Kapitel 10.)

Die Motive des anderen verstehen

Vielleicht verstehen Sie anschließend, dass hinter seiner Kontrollwut die Angst zu verarmen steckt, weil er als Kind schon einmal dem Gerichtsvollzieher die Tür öffnen musste. Und sie kauft großzügig Geschenke für Verwandte und Freunde, weil sie damit ausgleichen möchte, dass sie wenig Zeit für die Beziehungspflege hat. Oder sie versucht, mit ihrem Kleidertick ihre Minderwertigkeitsgefühle zu überdecken, und er glaubt, jeden Monat große Summen sparen zu müssen, weil er unbedingt seinem Vater beweisen will, dass er es doch zu etwas bringt.

Verständnis zu entwickeln für die Motive des Partners ist der erste Schritt aus dem Teufelskreis der Verurteilung und gegenseitigen Abwertung. Der zweite Schritt ist die Suche nach einem Kompromiss. Einen Kompromiss zu finden heißt nicht zwangsläufig, sich in der Mitte zu treffen. Man kann die unterschiedlichsten Verhandlungspakete schnüren. Er kann sagen: „Lass uns vom 13. Monatsgehalt diese verrückte Reise nach Island machen, wenn dir so viel daran liegt. Aber im nächsten Jahr kommt das Geld auf unser Rücklagenkonto.“ Oder sie sagt: „Ich erhöhe meinen Vorsorgeanteil für die Rente, weil ich weiß, dass dich das sehr beruhigt. Kannst du im Gegenzug versprechen, im Urlaub weniger knickerig zu sein und nicht über jeden Cappuccino zu diskutieren?“ Wenn beide immer kreativer werden bei der Kompromissfindung, können unterschiedliche Geldstile sogar eine Bereicherung sein.

Kompromisse finden, Verhandlungspakete schnüren

BEISPIEL

Gewinn für beide: Sie sorgt dafür, dass vor lauter Arbeit das gemeinsame Vergnügen nicht zu kurz kommt, er achtet darauf, dass beide genug für die Steuer zurücklegen. Oder er erinnert sie daran, dass das Leben jetzt stattfindet und nicht in 30 Jahren, und sie passt auf, dass er nur sein „Spielgeld“ an die Börse bringt.

Den Geldstil des Partners kann man nicht ändern

Den Geldstil des Partners kann man nicht ändern. Allerdings kann jeder für sich entscheiden, etwas Neues auszuprobieren und dabei auch vom anderen zu lernen. Hilfreich ist die Frage: Will ich das, was ich von meinen Eltern in Bezug auf Geld gelernt habe, weiterhin so praktizieren? Fahre ich gut damit? Oder ist es Zeit, etwas anderes zu wagen? Zum Beispiel großzügiger zu werden oder zurückhaltender bei den Ausgaben oder souveräner bei Gesprächen mit der Bank und Versicherungsvertretern.

Geld als Chiffre für Gefühle

Geld oder Gefühle?

Manchmal steckt hinter einem Streit über Geld auch der Versuch, ein diffuses Thema zu versachlichen. Im Psychologenjargon heißt das „Verschiebung". In Wirklichkeit leiden beide vielleicht darunter, dass sie so unterschiedliche Temperamente haben und sich nur schwer in den anderen hineinversetzen können. Stattdessen streiten sie darüber, ob es in Ordnung war, dass sie nach dem Tsunami spontan 500 Euro gespendet hat, ohne das mit ihm abzusprechen.

Das eigentliche Thema erkennen

Oder sie will unbedingt nach der Geburt des zweiten Kindes ganz schnell wieder arbeiten, wenigstens halbtags. Beide streiten wochenlang, weil die Babysitterin, die engagiert werden muss, fast so viel kosten wird, wie ihr Halbtagsjob netto einbringt. Natürlich geht es auch ums Geld und um die Frage: Lohnt sich ihre Arbeit unter diesen Umständen tatsächlich? Aber viel entscheidender ist das Thema, dass sie Angst hat, den Anschluss zu verlieren, und aus lauter Verzweiflung bereit ist, fast umsonst zu arbeiten. Wenn das eigentliche Thema erkannt ist, können beide überlegen, ob es noch eine bessere Lösung gibt für ihren Wiedereinstieg.

KAPITEL 8

Leben auf Pump – raus aus der Schuldenfalle

„Jetzt kaufen – später zahlen." Nach diesem fröhlichen Konsum-Motto leben immer mehr Haushalte. Versandhäuser, Banken und Geschäfte locken mit Ratenkrediten und Leasingverträgen. Ein Mausklick – und die Traumreise ist gebucht. Kreditkarten suggerieren das Gefühl, alles sofort haben zu können, unabhängig vom Kontostand.

Jeder vierte Haushalt in Deutschland, hat das Deutsche Institut für Wirtschaftsforschung ausgerechnet, ist verschuldet. Fast zehn Millionen Haushalte stecken in den Miesen. Drei Millionen Haushalte sind sogar überschuldet. Das heißt, ihr monatliches Einkommen reicht dauerhaft nicht aus, um die fixen Lebenshaltungskosten, fälligen Raten und Rechnungen zu bezahlen. Die Hauptgründe für Überschuldung sind Scheidung und Arbeitslosigkeit.

Vorsicht! Schulden zu machen wird immer einfacher

Schulden zu machen wird immer einfacher. Da hängt dieses todschicke Kostüm im Schaufenster – exakt in Ihrer Größe und in Ihrer Lieblingsfarbe. Und siehe da: Es ist 30 % reduziert. Das kann kein Zufall sein. So günstig kriegen Sie das nie wieder. Das gute Stück hat auf Sie gewartet. Und Sie haben es sich auch wirklich verdient. Die Woche war richtig hart. Jetzt ist die Belohnung fällig für die Überstunden im Büro plus Elternabend plus Fensterputz ... Ganz kurz blitzt Ihr Kontostand vor Ihrem inneren Auge auf.

Aber dann flüstert eine Stimme: „Gönn dir doch mal was." Genau, denken Sie. Die Kreditkarte ist schnell gezückt. Es tut auch gar nicht weh. Abgebucht wird frühestens in vier Wochen. Wenn Sie das Geld für das Kostüm wirklich übrig haben und Kleider Ihre Leidenschaft sind, dann viel Spaß damit! Dasselbe gilt für die neuen Hi-Fi-Boxen, damit die Lieblingsmusik noch besser klingt.

Riskante Bankkartenspiele

Kreditkartenmissbrauch

Sollten Sie sich jedoch öfter dabei ertappen, dass Sie Dinge mit der Kreditkarte bezahlen, die Sie bar gar nicht kaufen könnten, weil Ihr Konto am Limit ist, dann ist es höchste Zeit, die „Glaubens"-Karte aus Ihrem Geldbeutel zu verbannen. Kredit kommt von „credere", das bedeutet „glauben". Glauben Sie, dass Sie immer flüssig sind, nur weil das Kreditinstitut Sie für glaubwürdig hält?

Plastikkarten sind eine wunderbare Erfindung, um bei Auslandsreisen das Hotelzimmer zu bezahlen oder ein Auto mieten zu können und um Internetgeschäfte abzuwickeln. Sie sind jedoch kein Zahlungsmittel für den Alltag.

GUT ZU WISSEN

Die Bankkarte (früher als EC-Karte bezeichnet) kann fast alles, was eine vollwertige Kreditkarte auch kann – durch die integrierte Kreditkartenfunktion Maestro. Damit kann man in aller Welt am Geldautomaten Bares ziehen und in vielen Kaufhäusern, Restaurants und Geschäften bezahlen. Diese Karte gewährt Ihnen allerdings keinen Aufschub. Sie ist eine Debit Card. Kleiner Exkurs: Das kommt von „debere" (lateinisch für „müssen"). Sie müssen also zahlen. Das heißt: Jeder Umsatz wird spätestens am Tag danach vom Konto abgebucht. Das ist nur zu Ihrem Vorteil. Denn so behalten Sie den Überblick. Überlegen Sie also, ob Sie wirklich unbedingt eine Kreditkarte brauchen.

Verzichten Sie auf das Angebot mancher Karteninstitute, die Sie in der Fußgängerzone oder in der Bahnhofsvorhalle anwerben wollen, Ihre Verbindlichkeiten in Raten abzuzahlen. Die Gefahr ist groß, dass Sie den Überblick verlieren und sich zu hoch verschulden. Außerdem zahlen Sie für diese Kredite teilweise mehr als 16 % Zinsen.

Zahlen Sie, sooft es geht, mit Bargeld!

Auch wenn es altmodisch klingt: Zahlen Sie überwiegend in handfester Münze. So behalten Sie die Kontrolle und spüren auch ganz sinnlich, wie viele Scheine Sie über die Ladentheke schieben und ob Ihnen die neue Bettwäsche und das todschicke Nordic Walking Outfit tatsächlich so viel wert sind oder ob Sie wirklich schon wieder einen neuen Laptop brauchen. Bargeld hat den Vorteil, dass Sie nicht mehr ausgeben, als Sie im Geldbeutel haben.

TIPP

Spontankäufe

Wenn Sie zu Spontankäufen neigen, bauen Sie eine Bremse ein. Lassen Sie sich das Objekt Ihrer Begierde für einen Tag zurücklegen. Wenn Sie 24 Stunden später immer noch intensiv daran denken, ist es Ihnen offensichtlich das Geld wert.
Wenn nicht, haben Sie sich eine überflüssige Ausgabe gespart. Wenn Sie einkaufen, um Ihre Stimmung aufzuhellen, überlegen Sie sich, was Ihnen sonst noch gut tun könnte.

Kauf-Bremse

Schuldenfalle Dispokredit

Dispokredit reduzieren

Natürlich ist es gut, einen Dispokredit zu haben, falls eine größere Anschaffung ansteht oder Honorarzahlungen sich verzögern. Wenn Sie jedoch monatlich mit dem Dispo kalkulieren und Ihren Lebensunterhalt damit bestreiten, haben Sie ein Problem, das jeden Monat größer wird. Durch die erheblichen Zinsen bleibt immer weniger von Ihrem Geld und Sie brauchen einen noch größeren Rahmen. Bei einem überzogenen Dispositionskredit zahlen Sie die höchsten Zinsen überhaupt (je nach Bank bis zu 18,25 %). Wenn die Rückzahlung nicht deutlich schneller als die Zinsbelastung erfolgt, ist der Weg in die Schuldenfalle vorprogrammiert.

TIPP

Girokontoschulden

Falls Ihre Girokontoschulden chronisch hoch sind, wandeln Sie Ihren Dispo in einen normalen Ratenkredit mit kurzer Laufzeit um, der Sie weniger Zinsen kostet. Das ist aber nur sinnvoll, wenn Sie in einem zweiten Schritt Ihren Dispositionskredit konsequent freiwillig auf einen Minimalbetrag reduzieren, der Ihnen einen kleinen Spielraum lässt. Rufen Sie Ihren Bankberater an und sagen Sie ihm, dass Ihr Dispokredit nur noch 1.000 Euro betragen soll.

Als Faustregel nennt die Verbraucherzentrale: Das Girokonto sollte mindestens die Hälfte des Jahres im Plus sein.

Schuldenfalle Auto

Die Kosten für ein Auto werden häufig unterschätzt und kleingeredet nach dem Motto: „Die Rate merken wir doch kaum. Außerdem fahren wir gar nicht so viel." Doch neben den laufenden Kosten für Benzin, Öl und Wartung schlagen vor allem Kredit- und Leasingraten, egal wie verlockend winzig sie bei der Unterzeichnung aussehen, ein Finanzloch. Ganz zu schweigen von unvorhergesehenen Reparaturen, die immer dann kommen, wenn auch die Waschmaschine ihren Geist aufgibt und beide Kinder neue Winterschuhe brauchen.

Autokosten realistisch berechnen

Brauchen Sie wirklich beide ein Auto? Könnte nicht einer von Ihnen doch mit der S-Bahn oder mit dem Bus zur Arbeit fahren? Brauchen Sie überhaupt ein Auto? Wie wäre es mit einer lockeren Fahrgemeinschaft mit dem Nachbarn oder mit Car-Sharing?

Verlockung Ratenkredit

Des Deutschen liebster Kredit ist der Ratenkredit. Die monatliche Belastung erscheint auf den ersten Blick sehr niedrig und so gesehen ist der neue Fernseher ein Klacks. Die meisten verdrängen, dass auch ein Ratenkredit ein Kredit ist und sie damit auf Pump leben und in Zukunft das Geld verdienen müssen, das sie jetzt schon ausgeben. Plus Zinsen. Ein Kredit bedeutet immer Abhängigkeit. Bei manchen Anschaffungen geht es nicht anders.

Raus aus der Ratenkreditfalle

Trotzdem sollten Sie genau hinschauen. Besonders verlockend wirkt ein Ratenkredit mit einer Laufzeit über mehrere Jahre. Obwohl die monatliche Belastung bei einer kurzen Laufzeit höher ist, sind Kredite mit kurzer Laufzeit langfristig günstiger.

TIPP

Höhere Monatsraten

Nehmen Sie lieber eine höhere Monatsrate in Kauf und zahlen Sie im Gegenzug über die Gesamtlaufzeit weniger Zins. Ihr Zusatzvorteil: Sie sind schneller schuldenfrei.

Kaufrausch als Alarmsignal

Wenn der Schuhschrank, das DVD-Regal oder der Weinkeller überquellen, sollte bei Ihnen das rote Lämpchen aufleuchten. Was läuft schief? Warum muss es der fünfte Pullover in der aktuellen Lieblingsfarbe sein? Wieso ist plötzlich nur noch ein Wein ab 8 Euro aufwärts, der im Barrique-Fass ausgebaut wurde, akzeptabel?

Wenn einer von Ihnen ständig Shoppingtouren braucht, um sich gut zu fühlen, ist das ein Zeichen, dass etwas nicht stimmt.

Exzessives Einkaufen als Ersatz

Wünschen Sie sich vergeblich mehr Zärtlichkeit von Ihrem Partner und kaufen sich als Ersatz den sündhaft teuren Kaschmirpullover? Wollen Sie auch mal angeben, den Lebemann markieren und die Kollegen mit einer Spätlese beeindrucken, die sämtliche Goldmedaillen abgeräumt hat, oder mit einer Stereoanlage, deren Sound alle neidisch macht? Fühlen Sie sich erst dann gut, wenn Sie alle Tassen Ihres Lieblingsporzellans haben? Exzessive Einkäufe dienen der Ersatzbefriedigung, meint der Berliner Familientherapeut Stefan Stein.

Um aus dem Shoppingkreislauf auszubrechen, könnten Ihnen folgende Fragen helfen:

- Welches Loch versuche ich mit meinen Einkäufen zu stopfen?
- Wünsche ich mir mehr Anerkennung im Job?

- Will ich mehr Aufmerksamkeit von meinem Partner?
- Werte ich mich auf, wenn ich einkaufe? Fühle ich mich mächtig, wenn die Verkäuferin mir zu Diensten sein muss?
- Versuche ich durch meine Einkäufe, mehr Glanz in mein eintöniges Leben zu bringen?
- Wie könnte ich mir mehr Abwechslung verschaffen, ohne einzukaufen?

Rachekäufe

Dem anderen etwas heimzahlen

Exzessives Geldausgeben kann auch eine unbewusste Methode sein, den Partner zu verletzen. Er ist ein sparsamer Typ, der sich immer Sorgen um die Altersvorsorge macht und peinlich genau darauf achtet, dass kein Cent verschwendet wird und das Konto immer im Plus ist. Ihn bringt es natürlich auf die Palme, wenn sie strahlend und frisch geschminkt von einem dreistündigen Termin bei der Kosmetikerin nach Hause kommt.

Wenn sie ständig Sonderangebote studiert und Preise vergleicht, um mit dem Haushaltsgeld halbwegs hinzukommen, ist es für sie ein Schlag ins Kontor, wenn er demonstrativ beim Edel-Italiener für seine Geburtstagsfeier im Büro einkauft und eine Woche Skifahren mit einem Freund bucht.

Nach einigen Jahren des Zusammenlebens kennt jeder die Schwachpunkte des anderen im Schlaf und weiß genau, an welcher Stelle er ihn am besten treffen kann.

Vielleicht haben Sie wirklich das Gefühl, ihm oder ihr etwas heimzahlen zu müssen, weil Sie verletzt worden sind oder die Nase voll davon haben, sich wie der Depp vom Dienst zu fühlen.

TIPP

Bevor Sie anfangen, sich mit Verschwendung oder übertriebener Knauserei zu rächen, versuchen Sie klar und deutlich zu sagen, was Sie verletzt hat und welche Art von Wiedergutmachung Sie sich vom anderen wünschen. Gut möglich, dass die Lösung mit Geld überhaupt nichts zu tun hat.

Sparen mit kleinem Budget

„Heutzutage kaufen die Menschen mit Geld, das sie nicht haben, Dinge, die sie nicht brauchen, nur um andere zu beeindrucken, die sie nicht mögen.“ – So ein Bonmot. Vielleicht werden Sie jetzt denken: Nett formuliert, hat aber nichts mit mir zu tun. Ich kaufe keinen unnützen Kram, und was die anderen denken, interessiert mich sowieso nicht so besonders.

Sich selbst auf die Schliche kommen

Auch wenn das Ihre spontane Reaktion ist, lohnt es sich trotzdem, genauer hinzuschauen, wofür Sie Ihr Geld ausgeben. Denn der Teufel steckt auch hier im Detail. Vielleicht gehören Sie zu den Frauen, die mit sich selbst geizig sind, aber für die Kinder nur das

Beste und Teuerste kaufen: den neusten Angeber-Roller, ökologisch einwandfreie Kleider und nur pädagogisch wertvolles Holzspielzeug. Oder Sie kommen als Mann locker mit drei Pullovern im Jahr aus, dafür abonnieren Sie sämtliche Fachmagazine und sind der festen Überzeugung, dass alle Automarken außer der mit dem Stern unter Ihrer Würde sind.

Vielleicht finden Sie auch beide Sparsamkeit theoretisch gut, aber praktisch ist es Ihnen viel zu zeitaufwändig, Preise zu vergleichen. Wie auch immer Sie sich selbst einschätzen – hier ist eine Auswahl von Tipps, die für jeden Geldtyp interessant sind:

Strategisch einkaufen

- Fragen Sie sich: Erfüllt das, was ich kaufen möchte, wirklich den gewünschten Zweck?
- Entscheiden Sie sich bei jeder größeren Anschaffung für das günstigste, nicht für das billigste Angebot. Sie zahlen langfristig drauf, wenn Sie die billigste Waschmaschine kaufen und in drei Jahren schon wieder eine neue brauchen.

Preise vergleichen

- Vergleichen Sie die Preise nicht nur bei großen Anschaffungen, sondern auch bei Kleinigkeiten oder regelmäßigen Ausgaben.
- Emanzipieren Sie sich von kurzfristigen Trends. Was heute „in“ ist, kann morgen schon wieder „out“ sein. Nur weil sämtliche Models gerade in ultraspitzen Schuhen über den Laufsteg trippeln, müssen Sie nicht alle vom letzten Jahr aussortieren.

- Nutzen Sie beim Kleiderkauf Fabrik- und Direktverkäufe („Outlets“). Dort bekommen Sie Markenkleidung wesentlich günstiger.

- Die Winterjacken für die Kinder im Secondhand-Laden oder beim Basar zu kaufen ist keine Schande, sondern sehr klug. Denn im nächsten Winter passen sie sowieso nicht mehr. Organisieren Sie private Kleider-Tauschringe unter Freunden. Geben sie Ihre Babysachen an Freunde weiter, die gerade das zweite Kind bekommen haben, und lassen Sie sich im Gegenzug ein paar Kleidungsstücke für Ihre Dreijährige geben. Das schont die Familienkasse.

Nicht alles muss nagelneu sein

- Profitieren Sie überhaupt von den Fehlkäufen der anderen. Es gibt fast alles nagelneu aus zweiter Hand oder über das Internet.

- Trennen Sie sich von teuren Leistungen wie Mitgliedschaften oder Abonnements, die Sie eigentlich nicht mehr brauchen oder doch nicht nutzen.

- Reduzieren Sie Ihre Telefonkosten, indem Sie zum Beispiel bei längeren Fern- oder Auslandsgesprächen konsequent die Vorwahlnummern billiger Anbieter wählen.

- Schreiben Sie vor dem Einkauf einen Zettel. Treffen Sie mit sich eine Vereinbarung, nur das zu kaufen, was tatsächlich auf der Liste steht.

Einkaufszettel schreiben

Es gibt noch unendlich viel mehr Spartipps. Eine Fundgrube dafür bieten diverse Ratgeber der Verbraucherzentralen. Alle Ratgeber finden Sie unter www.ratgeber.vzbv.de. Auch auf der Internetseite www.monetenfuchs.de werden ständig neue Sparideen veröffentlicht.

Sparen bedeutet nicht, knauserig zu sein

Keiner dieser Tipps zielt darauf ab, sich nichts mehr zu gönnen. Im Gegenteil: Je mehr unnötige Ausgaben Sie vermeiden, desto mehr Spielraum bleibt Ihnen für das, was Ihnen wirklich am Herzen liegt und Ihre Lebensfreude steigert. Entscheidend ist, dass Sie sich beim Sparen auf eine gemeinsame Linie einigen, die beide gut finden und auch umsetzen können und wollen.

KAPITEL 9

Dauerstreit ums Geld – Zündstoff „Finanzen"

Eigentlich wissen Sie, wie Sie miteinander reden müssten, um Ihre Konflikte konstruktiv zu lösen. Sie kennen die Regeln, aber Sie schaffen es einfach nicht, sie umzusetzen. Sie sind zu gekränkt, verletzt und durcheinander. Gut zu wissen, dass man sich Hilfe von außen holen kann.

Jedes Mal, wenn sie vom Bankautomaten nach Hause kommt, ist dicke Luft. „Schon wieder im Minus, ich kann nicht verstehen, wo mein Geld bleibt, ich gönne mir doch nichts Besonderes", jammert sie. „Ist doch kein Wunder", kontert er, „drei dicke Kredite. Wir leben total über unsere Verhältnisse. Und du willst jetzt unbedingt noch in Urlaub fahren." „Wenn wir nicht vor drei Jahren in diese teure Wohnung umgezogen wären, müssten wir jetzt nicht so knapsen – und wer wollte unbedingt umziehen? Du ja schließlich und nicht ich!"

Wenn solche Streitereien an der Tagesordnung sind, wenn dauernd die Türen knallen und Sie sich gegenseitig die Schuld an der Misere geben, dann ist es höchste Zeit für eine ruhige und sachliche Bestandsaufnahme. Doch genau die ist im Eifer des Gefechts oft nicht möglich.

Höchste Zeit für eine sachliche Bestandsaufnahme

„Im Streit ist es sehr schwer zu erkennen, ob es wirklich um Geld geht oder um etwas anderes“, meint der Familientherapeut Stefan Stein. Für ihn ist klar, dass Geld eine Symbolik hat und bei Finanzdiskussionen immer andere Themen mitverhandelt werden: Anerkennung, Aufmerksamkeit, Zeit, Eifersucht, Neid. Manche Paare sind erschrocken darüber, dass sie sich in nervenaufreibende Gelddiskussionen verstricken, obwohl sie sich jahrelang gut verstanden haben, als noch nicht alles in bare Münze umgerechnet wurde.

Eine Zeit lang nicht über Geld sprechen

Wenn Paare immer wieder über Geld in Streit geraten, empfehlen Experten ihnen, zwei Wochen lang konsequent nicht miteinander über Geld zu sprechen.

Gespräche mit Freunden

Offener Austausch mit Vertrauten

Tauschen Sie sich mit Ihrer besten Freundin aus, sprechen Sie mit Ihrem Freund. Wie schätzen Freunde Ihren Geldstil ein? Glauben sie auch, dass Sie zur Verschwendung oder zum Geiz neigen? Oder haben sie ein völlig anderes Bild von Ihnen als Ihr Partner? Wie regeln Ihre Freunde finanzielle Probleme? Wie kommen sie bei Streitereien über Finanzen zu einer gemeinsamen Lösung?

Ein offenes Gespräch mit Vertrauten kann Ihnen klarmachen, dass Sie nicht der Einzige auf der Welt sind mit diesem Problem. Oft sagt der andere überraschenderweise: „Was, du hast Geldprobleme, ich dachte immer, du hast alles im Griff. Deshalb habe ich mich nie getraut, dir von meinen Schwierigkeiten zu erzählen." Oder: „Toll, dass Ihr überhaupt über Geld diskutiert. Wir können überhaupt nicht darüber reden und klammern dieses Thema immer aus."

Geldgespräche im Freundeskreis – das soll hier nicht verschwiegen werden – haben jedoch auch ihre Tücken. Einerseits wird ständig über Geld gesprochen, über den Billigurlaub, den Preis fürs neue Auto inklusive Sonderausstattung und die Aktienkurse. Andererseits wissen die besten Freunde oft nicht, was der andere wirklich verdient und dass die monatlichen Raten für einen Kredit ihm schlaflose Nächte bereiten. Schwierigkeiten mit Geld werden als etwas sehr Intimes angesehen.

Mit anderen Paaren sprechen

Trauen Sie sich trotzdem, von Ihren Ängsten und Konflikten zu erzählen. Sie können sicher sein, dass die meisten Paare Streitereien über Geld kennen. Es kann nur bereichernd sein zu erfahren, wie andere damit umgehen und welche Lösungen sie gefunden haben.

Wenn nichts mehr geht: Hilfsangebote nutzen

Professionelle Hilfe

Wenn auch die Gespräche mit Freunden nichts bewirken, die Vorwürfe immer heftiger werden, Sie sich festgebissen haben und keiner dem anderen mehr zuhören will, sollten Sie sich professionelle Hilfe holen. Sie müssen nicht gleich eine mehrjährige Therapie machen. Es gibt ein breites Angebot von unterschiedlichen Stellen: Familienzentren, Erziehungsberatungsstellen, Paartherapeuten, Pro familia und andere sozialpsychiatrische und kirchliche Einrichtungen.

Paargespräche können Wunder wirken

Erkundigen Sie sich, wie gearbeitet wird, denn meist funktioniert die Hilfe unkomplizierter, als Sie denken. Beim Berliner Institut für Familientherapie zum Beispiel können Sie damit rechnen, dass Sie innerhalb von zwei bis vier Wochen einen Termin für ein Paargespräch bekommen. Es ist wichtig, dass das Gespräch kurz nach dem Konflikt stattfindet, denn kaum ist der Beziehungshimmel wieder blau, sind alle Probleme vergessen – bis zum nächsten Ärger. In der Regel sind nicht mehr als fünf Treffen notwendig. Dann haben Sie im besten Fall mithilfe des Therapeuten Ihre Knackpunkte entdeckt und können sich alleine an die Veränderungen wagen und neue Lösungen finden. Oder Ihnen wird klar, dass Sie nicht mehr zusammenleben wollen und können.

TIPP

Hilfsangebote

Suchen Sie übers Internet oder das Branchenbuch Beratungsstellen. Erkundigen Sie sich nach der Verfahrensweise und den Kosten. Staatliche Angebote wie Erziehungs- und Familienberatungsstellen sind oft sehr günstig oder kostenlos. Beschreiben Sie Ihrem Partner den Rahmen und den zeitlichen Aufwand. Viele haben Angst, dass sie monatelang auf die Couch müssen. Die Lösungen sind jedoch oft viel pragmatischer und einfacher.

Trennung in Sicht

Der Streit hört nicht auf. Jeden Tag gibt es neuen Knatsch um Arbeit, Haushalt, Kinder, Geld und Freizeit. Das Vertrauen ist zerstört. Sie glauben einander nichts mehr und verletzen den anderen gezielt. Ihr Beziehungskonto ist hoffnungslos im Minus. Es gibt nur noch Falschbuchungen. Sie verdächtigen den anderen, dass er nur Ihren emotionalen und finanziellen Ruin im Sinn hat und sonst gar nichts.

Die Dauertelefonate mit der Freundin, die Abende mit Kollegen und die Paargespräche haben Sie nicht weitergebracht. Sie sitzen auf einem Berg von Altlasten und wissen nicht, wie Sie ihn abtragen sollen. Ihre Diskussionen ziehen sich wie Kaugummi, Sie verfangen sich immer wieder in endlosen Vorwurfsschleifen und sprechen das Wort Trennung oder Scheidung laut aus.

Wie funktioniert Mediation?

Bevor Sie zu teuren Anwälten laufen, denken Sie über **Mediation** nach. Mediation bedeutet „Vermittlung": ein Verfahren ohne Gerichtstermine, bei dem die zerstrittenen Partner mithilfe eines Mediators gemeinsam versuchen, Lösungen für die Streitthemen zu finden. Mediatoren haben eine spezielle Ausbildung, in der sie lernen, unparteiisch und nach festen Regeln mit den Konfliktpartnern eine gütliche Einigung zu erarbeiten. Diese Ergebnisse können in einer Verein-

Gütliche Einigung ohne Gerichtstermine

barung festgehalten werden, an die sich beide halten müssen.

Verhandeln beziehungsweise behandeln kann man jedes Konfliktthema:

Mediationsthemen

- Wer wohnt wo?
- Wer darf das Kind wo, wann und wie oft sehen?
- Wer zahlt Unterhalt und in welcher Höhe?
- Wie teilt man das Vermögen oder die Schulden auf?
- Wer darf in der Eigentumswohnung bleiben?
- Was passiert mit dem Schrebergarten?

Neutraler Konfliktmoderator

Der Mediator versucht, ein Moderator für beide Parteien zu sein, indem er die ehrliche und offene Kommunikation unterstützt. Kein leichtes Unterfangen, wenn zwei damit beschäftigt sind, die schmutzige Wäsche des anderen ans Licht zu zerren. Damit beide ehrlich über alle Konfliktpunkte reden können, brauchen sie einen geschützten Raum.

WICHTIG

Keine Informationen, welche die Medianten offen gelegt haben, dürfen in einem Prozess gegen sie verwendet werden. Zu Beginn verpflichten sich beide Partner, die Vertraulichkeit zu wahren. Sie können den Mediator nur gemeinsam von seiner Schweigepflicht entbinden.

Die Mediation wird nach Stundensätzen abgerechnet, die sehr variieren (zwischen 50 und 250 Euro). Auch die Dauer der Vermittlungsgespräche kann sehr unterschiedlich sein. Im Schnitt wird mit drei bis zehn Sitzungen gerechnet. Sie sollten vor Beginn klären, mit welchen Kosten Sie rechnen müssen, denn auch diese werden von beiden Parteien gemeinsam gezahlt.

Preisgünstige Mediation

Einige Beratungsstellen bieten Paaren mit kleinem Geldbeutel Unterstützung auf Spendenbasis an. Erkundigen Sie sich, wo Sie in Ihrer Umgebung Mediatoren finden. Im Internet gibt es mehrere Verbände, die sich zusammengeschlossen haben, um einen Qualitätsstandard zu garantieren, und Adressen von Mediatoren anbieten (www.bafm-mediation.de).

Auf der Homepage des Bundesjustizministeriums finden Sie sehr gute weiterführende Informationen (www.bmj.bund.de).

KAPITEL 10

Entspannt mit Geld und Konflikten umgehen – praktische Tipps und Hilfen

Geld ist wichtig, keine Frage. Wenn es knapp ist, kostet das Nerven und Energie. Doch letztlich ist Geld nichts anderes als ein Zahlungsmittel. Lernen Sie so viel wie möglich über den praktischen Umgang damit, aber machen Sie sich nicht zum Sklaven des Geldes. Geben Sie ihm den Stellenwert, der ihm zusteht.

Geld ist ein Zahlungsmittel. Mehr nicht.

Für Unvorhergesehenes vorsorgen

- Haben Sie finanzielle Reserven für die Überraschungen, die das Leben parat hält? Für die kaputte Waschmaschine, den defekten Computer, die Reparatur am Auto? Idealerweise legen Sie wenigstens zwei Nettohaushaltseinkommen (das, was nach Abzug der Steuern und Sozialabgaben auf Ihr Konto kommt) so an, dass Sie innerhalb von wenigen Tagen darüber verfügen können.

Extra-Konto für Luxus

- Richten Sie ein Sparbuch für Luxus ein. Oder noch besser: Fragen Sie bei Ihrer Bank nach einem kostenlosen Tagesgeldkonto. Darauf zahlen Sie monatlich eine feste Summe ein für Theaterabende, ein Wellnesswochenende, den Babysitter, ein Seminar und Urlaubsreisen. Anstatt das Geld auf ein Konto zu überweisen, können Sie es auch in Briefumschläge stecken, die entsprechend beschriftet sind.

- Wenn ein Dauerauftrag wegfällt, den Sie über Jahre geleistet haben (Garagenstellplatz, Bausparrate, Kindergartengebühren), sparen Sie diesen Betrag. Die gesparten Kindergartenbeiträge können Sie zum Beispiel für die Ausbildung anlegen.

In neue Projekte investieren

- Sind Ihre Einkünfte in einem Monat besonders hoch, legen Sie einen Teil davon zur Seite. Investieren Sie in ein neues Projekt. Es kommt weniger auf die Höhe an als auf die Entscheidung, langfristig zu denken.

Mit 70 % auskommen

- Versuchen Sie, mit 70 % Ihrer Nettoeinkünfte auszukommen. Bauen Sie mit 10 % neues Vermögen auf, tilgen Sie mit weiteren 10 % Schulden. Denken Sie darüber nach, ob Sie die restlichen 10 % spenden möchten.
- Gewöhnen Sie sich an, jede Rechnung sofort zu bezahlen. Sollten Sie knapp bei Kasse sein, füllen Sie trotzdem gleich den Überweisungsschein aus.

Die Einstellung zu Geld überprüfen

Geheime Gedanken über Geld

- Hören Sie sich zu, wie Sie über Geld sprechen. Reden Sie immer vom Mangel? Machen Sie Ihre Verdienste kleiner, als sie in Wirklichkeit sind? Finden Sie es unmoralisch, Geld zu haben? Haben Sie Vorbehalte gegenüber reichen Menschen?
- Schreiben Sie ehrlich auf, was Sie über Geld denken. Gibt es einen Grund dafür, dass Sie es nicht haben können oder dürfen?
- Welchen Stellenwert hat Geld in Ihrem Leben? Glauben Sie, dass sich all Ihre Probleme lösen würden, wenn Sie nur mehr auf dem Konto hätten?
- Reichtum bemisst sich nicht nur am Kontostand. Ihr entscheidendes Kapital sind Ihre Kreativität und Ihre Fähigkeit, Lösungen zu finden.

Gemeinsame finanzielle Ziele entwickeln

- Fragen Sie Ihren Partner nach seinen finanziellen Vorstellungen, Träumen und Zielen. Tauschen Sie sich regelmäßig darüber aus, ob sie noch auf dem neuesten Stand sind. Wünsche können sich ändern.
- Vereinbaren Sie einen festen Termin (einmal im Quartal) für ein Haushaltsgespräch. Welche An-

schaffungen und Sonderausgaben stehen an? Welche Zahlungen laufen aus? Wofür wird zu viel ausgegeben? Welche Einkaufsgewohnheiten sind überholt? Wer hat welche Wünsche? Sind sie im Budget enthalten?

Keine Vereinbarung ist in Stein gemeißelt

- Was Sie einmal miteinander vereinbart haben, muss nicht für die Ewigkeit gelten. Vielleicht ist es Ihnen doch plötzlich nicht mehr so wichtig, in einem Haus zu wohnen. Oder einer von Ihnen beiden möchte früher wieder in den Beruf einsteigen oder viel später.
- Wenn Sie feststellen, dass Ihr Kontenmodell und Ihre interne Aufteilung doch nicht so praktisch ist, wie Sie sich das vorgestellt haben, ändern Sie beides.
- Seien Sie großzügig mit den Bedürfnissen Ihres Partners. Wenn Ihrer Frau das eigene Konto so wichtig ist, richten Sie es ein, auch wenn Sie es für unnötig halten. Wenn Ihr Mann unbedingt seine Abenteuertour machen will, gönnen Sie ihm das Vergnügen.
- Suchen Sie bei Konflikten kreative Kompromisse. Sie müssen sich nicht immer in der Mitte treffen. Mal darf der eine sich durchsetzen, mal der andere. Probieren Sie es aus und urteilen Sie dann erst.

Kleines Geldexperiment für Paare

Die amerikanische Finanzberaterin Suze Orman empfiehlt Paaren eine praktische Übung, um die Prioritäten des anderen kennen zu lernen:

- Einigen Sie sich mit Ihrem Partner auf eine Geldsumme, die jeder jeweils zur freien Verfügung haben soll. Sie muss so großzügig bemessen sein, dass Sie sich davon etwas leisten können, das Ihnen wichtig ist. Es kann sein, dass Ihr Partner eine größere oder kleinere Summe wählt.

- Gehen Sie beide zur Bank. Jeder hebt die Summe, die der andere braucht, von seinem Konto ab. Stecken Sie das Geld jeweils in einen Umschlag und geben Sie diesen Ihrem Partner. Danach dürfen Sie einen Monat lang weder darüber sprechen, welche Pläne Sie mit dem Geld haben, noch was Sie davon gekauft haben.

So tun, als ob man bereits gemeinsam wirtschaften würde

- Lassen Sie dieses Geld in getrennten Umschlägen und heben Sie alle Quittungen auf.

- Setzen Sie sich nach einem Monat wieder zusammen und sprechen Sie über folgende Fragen: Was war es für ein Gefühl, das Geld des anderen auszugeben? Was war es für ein Gefühl, zu wissen, dass der andere Ihr Geld ausgegeben hat? Sind Sie erfreut, sauer, enttäuscht oder überrascht über das, was der andere mit dem Geld gemacht hat? Hat einer von Ihnen bei dem, was er gekauft hat, auch an beide gedacht oder nur an sich selbst?

- Sie können bei diesem Experiment mehrere Erfahrungen machen: Wie fühlt es sich an, wenn Sie von Ihrem Partner Geld geschenkt bekommen, das Sie nicht selbst verdient haben und es trotzdem ausgeben? Gleichzeitig geben Sie dem Partner Ihr Geld und können beobachten, wie er damit umgeht. Genau diese Situation wird eintreffen, wenn Sie zusammenziehen und eine Familie gründen: Zumindest übergangsweise wird einer von Ihnen beiden finanziell abhängig sein. Sie lernen die Prioritäten des Partners kennen und können ganz in Ruhe ohne wirtschaftliche Abhängigkeit über Ihre Gefühle sprechen – über die schönen, aber auch über die mulmigen.

Die Prioritäten des Partners frühzeitig kennen lernen

Noch eine ungewöhnliche, dafür aber sehr effiziente Idee, gemeinsam mit Geld umzugehen: Wenn Sie beide verdienen, können Sie versuchen, nur von einem Einkommen zu leben. Der gesamte Verdienst des Partners wird sinnvoll angelegt. Das bringt zwar Einschränkungen im Alltag, aber Ihr gemeinsames Vermögen wächst sehr schnell, und Sie haben mit Sicherheit einen frühen und sehr geruhsamen Lebensabend.

Grundsätzliches zur Gesprächskultur

Wer bei Gesprächen immer wieder schnell in Streit gerät, sollte sich die Automatismen von Dialogen anschauen. Das ist nicht einfach, weil man selbst beteiligt ist. Es gibt aber Regeln, die jeder lernen kann. Das Prinzip heißt:

Reden und reden lassen

Die Paartherapeutin Claudia Wölfer hat einen Leitfaden für Gesprächsregeln bei Konflikten entworfen. In dieser gekürzten Form kann er Ihnen helfen, Ihre unterschiedlichen Wahrnehmungen im Gespräch über Finanzen herauszufinden.

Grundregeln schriftlich fixieren

Vor dem ersten Gespräch müssen Sie Regeln festlegen:

- Sich gegenseitig ausreden lassen
- Den anderen bewusst nicht verletzen wollen

Diese Vereinbarungen schreiben Sie auf ein Papier und legen dieses auf den Tisch, so dass beide jederzeit darauf zeigen können.

Konfliktthemen benennen

Jetzt schreiben Sie die Konfliktthemen dazu. Nehmen Sie sich nicht zu viel vor, fangen Sie mit ein oder zwei Problemen an – zum Beispiel:

- Wer hat wie viel? – Offenlegen der Konten und sonstiger Vermögenswerte

- Wer soll was machen? – Verteilung zwischen Hausarbeit und Erwerbsarbeit
- Wo verschwindet unser Geld? – Klärung und Aufstellung der Ausgaben

Beide Partner stellen ihre Sichtweise des Konfliktes dar, einer fängt an, während der andere zuhört und schweigt. Falls Sie zu Monologen neigen oder sich in unendlichen Nebengleisen verlieren, legen Sie eine Zeit fest, die Sie nicht überschreiten dürfen, zum Beispiel fünf Minuten.

Sich vergewissern, ob man den anderen wirklich verstanden hat

Der Partner versucht dann wiederzugeben, wie das Gesagte bei ihm angekommen ist, und er vergewissert sich, dass er es verstanden hat. Sie sollten so lange über diesen Punkt sprechen, bis derjenige, der zu reden angefangen hat, bestätigt, dass der Partner ihn nun richtig verstanden hat. Das hört sich mühselig an, geht aber mit der Zeit immer leichter!

Jetzt kann der andere seine Sichtweise des Konfliktes beschreiben. Für ihn oder sie gelten dieselben Regeln.

Wenn Sie beide sicher sind, dass der andere Sie verstanden hat, können Sie nach Lösungsmöglichkeiten suchen. Schon während des Gesprächs wird ja der eine oder andere Groschen gefallen sein.

- Sammeln Sie Lösungsmöglichkeiten für den zukünftigen Umgang mit dem Problem.
- Seien Sie kreativ und nehmen Sie sich Zeit, auch ungewöhnliche Ideen zu entwickeln.

- Einigen Sie sich auf eine Lösung und überlegen Sie, ob diese umsetzbar ist.
- Sind beide Partner zufrieden, notieren Sie die Lösungsidee und unterschreiben Sie beide!

Aussagen statt Fragen

In Beziehungen kommt es häufig vor, dass ein Partner eine Frage statt einer Aussage formuliert. Etwa so: „Liebling, würdest du nicht gerne mit deiner Familie in einem schönen Wochenendhäuschen deine Freizeit verbringen?" Wenn Ihr Partner jetzt antwortet: „Ach Schatz, das ist mir eigentlich nicht so wichtig. Ich finde es in der Stadt schöner mit euch und außerdem ist die Fahrerei nervig", haben Sie schon verloren. Ist der Partner auch noch so empathisch, er kann beim besten Willen nicht erkennen, worauf Sie mit dieser Frage eigentlich abzielen. Viele Menschen formulieren ihre Aussagen aus Gewohnheit oder aus Angst vor Festlegungen als Fragen. Sie vermeiden damit die direkte Kommunikation und begeben sich in den Bereich der Spekulation und Manipulation – das schafft eine Menge Konfliktpotenzial. Befolgen Sie daher folgende Tipps:

Hinter einer Frage versteckt sich oft eine Aussage

- Stellen Sie nur Fragen, wenn Sie wirklich vom anderen etwas wissen wollen.
- Achten Sie bei Ihren eigenen Fragen oder denen Ihres Partners auf versteckte Aussagen.
- Verwandeln Sie Fragen in Aussagen.

Gesprächsmuster verändern

Wenn Sie eine Zeitlang Ihre Aufmerksamkeit auf diese Regeln lenken, werden Sie merken, wie schnell sich eingefahrene Alltagsgespräche verändern. Unsere Beispielfrage liest sich dann so: „Liebling, ich möchte so gerne ein Ferienhaus in der Umgebung finden, das wir kaufen oder mieten, um in aller Ruhe unsere Wochenenden dort zu verbringen. Ich weiß, dass das finanziell nicht so leicht geht, aber vielleicht finden wir ja einen Weg, es gemeinsam zu schaffen!“

Killersätze

Killersätze sind Sätze, die jedes Gespräch unbedingt und sofort beenden. Sie sind weit verbreitet. Sie fangen an mit „nie“ oder „immer“ und enden in Schweigen. Falls Sie irgendeine Kritik äußern wollen und diese mit dem Satz „Warum kannst du eigentlich nie mal danke sagen, wenn ich was für dich erledige“ beginnen, können Sie sicher sein, dass Sie niemals mehr ein „Danke“ hören. „Immer muss ich mir die Schulden auf dem Konto angucken, weil du dich nie um die Miesen kümmerst“ ist auch nicht geeignet, um in Ruhe über Geld sprechen zu können.

Killersätze aus dem Vokabular streichen

Immer, nie, ständig, nur, andauernd. Streichen Sie diese Wörtchen aus Ihrem Vokabular, sie sind ungerecht und stimmen in den seltensten Fällen! Niemand hat Lust, sich pauschal abwerten zu lassen. Seien Sie großzügig und äußern Sie Ihre Kritik in einer Weise, die auch Sie gut akzeptieren können.

ANHANG

Haushaltsbuch

Beispiele für Einnahmenkategorien

Regelmäßige Einnahmen

Erwerbseinkommen

- Nettogehalt
- Nebenverdienst
- Selbstständige Arbeit

Staatliche Zahlungen

- Rente/Pension
- Kindergeld
- Erziehungsgeld
- Wohngeld
- Arbeitslosengeld
- Sozialhilfe
- Sonstige Zahlungen

Private Zahlungen

- Empfangene Unterhaltsleistungen
- Zuwendungen weiterer Familienmitglieder
- Sonstige private Zahlungen

Sonstige regelmäßige Zahlungen

- Urlaubsgeld
- Weihnachtsgeld
- Sonstiges

Unregelmäßige Einnahmen

- Provisionen, Gratifikationen
- Steuerrückzahlungen
- Sonstiges

Einnahmen aus Vermögen

- Mieteinnahmen/Pachteinnahmen
- Zinseinnahmen, Dividenden
- Sonstiges

Beispiel einer monatlichen Haushaltsübersicht

Monatliche Einnahmen und Ausgaben		
Monat: November		
Einnahmen		**Beträge in Euro**
Feste Einnahmen	Nettogehalt Ehemann	2.400,00
	Nettogehalt Ehefrau	400,00
	Kindergeld	154,00
Gesamtbetrag feste Einnahmen		**2.954,00**
Veränderliche Einnahmen	Einnahmenüberschuss aus Vormonat (in unserem Beispiel: Oktober)	212,00

Monatliche Einnahmen und Ausgaben

Monat: November

Veränderliche Einnahmen	Einlage z.B. aus Sparbuch oder Tagesgeldkonto (z.B. für die Verwendung der Sparrücklage)	0,00
	Lottogewinn	5,60
	Geldgeschenk Oma	20,00
Gesamtbetrag veränderliche Einnahmen		**237,60**
Gesamtbetrag feste + veränderliche Einnahmen		**3.191,60**

Ausgaben		**Beträge in Euro**
Feste Ausgaben	Miete	750,00
	Strom	45,00
	Wasser	14,00
	Nebenkosten	35,00
	Heizung	60,00
	Telefongrundgebühren	25,00
	Rundfunkgebühren	0,00
	Vereinsbeiträge	0,00
	Autokredit	171,00
	Lebensversicherung mit BU	100,00

Monatliche Einnahmen und Ausgaben		
Monat: November		
Feste Ausgaben	Unfallversicherung	19,00
	Privathaftpflichtversicherung	0,00
	Rechtsschutzversicherung	0,00
	Automobilclub	0,00
	Kfz-Versicherung	0,00
	Hausratversicherung	0,00
	Zeitungsabo	21,70
	Kfz-Steuer	0,00
	Taschengeld Tochter	12,00
	Kontoführungsgebühren	10,00
	Bahnfahrkarte	30,00
	Sparrücklage für Urlaub, Reparaturen, Neuanschaffungen	254,61
Gesamtbetrag feste Ausgaben		**1.547,31**
Veränderliche Ausgaben	Fehlbetrag aus Vormonat (Oktober)	0,00
	Lebens- und Genussmittel	479,20
	Außer-Haus-Verpflegung (Restaurant inkl. Trinkgelder, Fastfood etc.)	51,80
	Gesundheit (Zuzahlung bei Medizin, Arztkosten, Massagekosten etc.)	16,00
	Körperpflege/Kosmetik (Friseur, Parfüm etc.)	75,12

Monatliche Einnahmen und Ausgaben

Monat: November

Veränderliche Ausgaben	Hygiene (Seife, Waschmittel, Toilettenpapier, Putzmittel etc.)	38,90
	Kleidung (Kleidung, Schuhe, Reinigung etc.)	100,60
	Anschaffung Elektrogeräte	50,00
	Möbel	0,00
	Haushaltsausstattung (Handtücher, Geschirr etc.)	15,60
	Schulbedarf/Schreibwaren (Hefte, Stifte etc.)	21,50
	Unterhaltsausgaben Haus (Renovierung, Reparatur etc.)	35,60
	Unterhaltskosten Auto (Inspektion, Reparatur, Wartungsbedarf z.B. Öl etc.)	31,60
	Autofahrtkosten (Benzin, Parkgebühren)	124,30
	Bus, Bahn, Taxi (ohne Monatsfahrkarte)	16,50
	Medienkosten (Zeitung, Bücher, CDs)	35,20
	Freizeitkosten (Kino, Theater, Vorträge, Konzert etc.)	35,80
	Telefonkosten (Verbindungsgebühren)	12,30
	Geschenke (Geschenkpapier, Schleifen, Geburtstagsgeschenke etc.)	25,90

Monatliche Einnahmen und Ausgaben		
Monat: November		
Veränderliche Ausgaben	Urlaub, sonstige Übernachtungen	0,00
	Sonstiges (alles, was nicht in die anderen Kategorien eingeordnet werden kann, z.B. Gewinnspiele, Spenden für karitative Zwecke)	5,90
Gesamtbetrag veränderliche Ausgaben		**1.171,82**
Gesamtbetrag feste + veränderliche Ausgaben (Gesamtausgaben)		**2.719,13**
Gesamteinnahmen minus Gesamtausgaben		**472,47**

Hier die Kurzübersicht der Berechnung

Monatliche Einnahmen und Ausgaben	
Monat: November	
Einnahmen	**Beträge in Euro**
Gesamtbetrag feste Einnahmen	2.954,00
Gesamtbetrag veränderliche Einnahmen	237,60
Gesamtbetrag feste + veränderliche Einnahmen (Gesamteinnahmen)	3.191,60

Monatliche Einnahmen und Ausgaben

Monat: November

Ausgaben	**Beträge in Euro**
Gesamtbetrag feste Ausgaben	1.547,31
Gesamtbetrag veränderliche Ausgaben	1.171,82
Gesamtbetrag feste und veränderliche Ausgaben (Gesamtausgaben)	2.719,13
Gesamteinnahmen minus Gesamtausgaben	472,47

Rücklagenkonto (z.B. Sparbuch, Tagesgeldkonto)	
+ Rücklagen zu Monatsbeginn	+ 2.000.00
– Entnahme	– 0,00
+ Sparrücklagen	+ 254,61
+ Rücklagen zum Monatsende	+ 2.254,61

Quelle: Zwick: Besser haushalten

Beispiel einer Jahresübersicht

Einnahmen	Beträge in Euro	Zahlweise (Anzahl Monate)	Jahres-betrag in Euro	Monats-betrag in Euro	fällig in den Monaten
Gehalt Netto Ehemann	2.400,00	12	28.800,00	2.400,00	1–12
Weihnachts- u. Urlaubsgeld	2.800,00	1	2.800,00	233,33	7, 12
Gehalt Netto Ehefrau	400,00	12	4.800,00	400,00	1–12
Kindergeld (1 Kind)	154,00	12	1.848,00	154,00	1–12
Gesamteinnahmen (feste Einnahmen)					
	5.754,00		**38.248,00**	**3.187,33**	

Ausgaben	Beträge in Euro	Zahlweise (Anzahl Monate)	Jahres-betrag in Euro	Monats-betrag in Euro	fällig in den Monaten
Miete	750,00	12	9.000,00	750,00	1–12
Strom	45,00	12	540,00	45,00	1–12
Wasser	14,00	12	168,00	14,00	1–12
Nebenkosten	35,00	12	420,00	35,00	1–12
Heizung	60,00	12	720,00	60,00	1–12
Telefongrund-gebühren	25,00	12	300,00	25,00	1–12
Rundfunk-gebühren	48,45	4	193,80	16,15	1,4,7,10
Vereinsbeiträge	113,00	4	452,00	37,67	1,4,7,10

Ausgaben	Beträge in Euro	Zahlweise (Anzahl Monate)	Jahresbetrag in Euro	Monatsbetrag in Euro	fällig in den Monaten
Autokredit	171,00	12	2.052,00	171,00	1–12
Lebensvers. mit BU	100,00	12	1.200,00	100,00	1–12
Unfallversicherung	19,00	12	228,00	19,00	1–12
Privathaftpflichtversicherung	49,00	1	49,00	4,08	3
Rechtsschutzversicherung	104,00	1	104,00	8,67	3
Automobilclub	88,07	1	88,07	7,34	4
Kfz-Versicherung	923,00	1	923,00	76,92	1
Kfz-Steuer	370,00	1	370,00	30,83	10
Hausratversicherung	103,20	1	103,20	8,60	1
Zeitungsabo	21,70	12	260,40	21,70	1–12
Taschengeld Tochter	12,00	12	144,00	12,00	1–12
Kontoführungsgebühren	10,00	12	120,00	10,00	1–12
Bahnfahrkarte	30,00	12	360,00	30,00	1–12
Sparrücklagen für Urlaub, Reparaturen, Neuanschaffungen	254,61	12	3.055,32	254,61	
Gesamtausgaben (feste Ausgaben)					
			20.850,79	**1.737,57**	
Gesamt feste Einnahmen minus feste Ausgaben					
			17.397,21	**1.449,77**	

Quelle: Zwick: Besser haushalten

Budget-Planer

Meine *festen* Ausgaben von Januar bis Juni

Tag	Feste Ausgaben	Januar	Februar	März	April	Mai	Juni	1. Halbjahr	Zahlungsart
Feste Ausgaben gesamt									
Feste Ausgaben geplant									

Meine *festen* Ausgaben von Juli bis Dezember

Tag	Feste Ausgaben	Juli	August	September	Oktober	November	Dezember	2. Halbjahr	Zahlungsart
Feste Ausgaben gesamt									
Feste Ausgaben geplant									

Die Geldvermögen-Übersicht

Sparkonten und Finanzanlagen

Anlageform	Kontoinhaber	Zweck	Kreditinstitut/ verwaltende Stelle	Bankleitzahl	Konto-Nr.
Sparkonto	*Günther*	*Urlaub*	*Sparkasse X*	*100 000 00*	*3 217 24*
Sparvertrag	*Annette*	*Prämiensparen*	*Sparkasse Y*	*200 000 00*	*29 415 778*
Bundes-obligationen	*Annette*		*BSV**	*400 000 00*	*891 009*
Festzinssparen	*Günther*		*Bank Z*	*300 000 00*	*45 321*

* Bundesschuldenverwaltung

Meine Geldvermögen-Übersicht

Sparkonten und Finanzanlagen

Anlageform	Kontoinhaber	Zweck	Kreditinstitut/ verwaltende Stelle	Bankleitzahl	Konto-Nr.

(Fortsetzung der Tabelle von Seite 136)

Kündigungs-frist	Fälligkeit	Anlage-betrag	Zinstermin	Zinssatz in %	Vorauss. Zinsertrag	Freistellung
3-monatig		*383,47*	*31.12.*	*2*	*3,58*	*51,13*
	30.12.2007	*1.840,65*	*30.12.2006*	*4*		*102,26*
	15.06.2007	*5.112,92*	*15.06.*	*5,8*	*296,55*	*511,29*
	30.09.2005	*2.045,17*	*31.12.*	*4,1*	*20,45*	*255,65*
		9.382,21			*320,58*	*920,33*

Kündigungs-frist	Fälligkeit	Anlage-betrag	Zinstermin	Zinssatz in %	Vorauss. Zinsertrag	Freistellung

Mein Geldvermögen-/Schulden-Check

Bargeld, Sparbücher etc.	am________ €	am ________ €
Geldvermögen gesamt		

Kreditüberziehung, Raten etc.	am________ €	am ________ €
Geldvermögen		
– Schulden		
(+/–)		

Quelle: Mein Budget-Planer, Deutscher Sparkassen- und Giroverband

Eheverträge

Für wen sind Eheverträge sinnvoll?

Es gibt unterschiedliche Gründe, sich mit einem Ehevertrag auseinander zu setzen. Einige Varianten im Überblick:

- Sie haben eine schwierige Scheidung mit langen Diskussionen über die Verteilung des gemeinsamen Vermögens hinter sich und möchten diese Situation auf keinen Fall noch einmal erleben.

- Sie kommen aus einer wohlhabenden Familie, werden voraussichtlich erben und möchten sicher sein, dass die Vermögensvorteile (zum Beispiel Erbstücke) auch bei einer Scheidung nur Ihnen allein zugute kommen.

Wann Sie an einen Ehevertrag denken sollten

- Sie heiraten einen Mann, der ein Unternehmen besitzt, Sie arbeiten zu Hause und erziehen die Kinder. Sie wollen festlegen, dass Sie im Falle einer Scheidung finanziell abgesichert sind und auch Ihre Altersversorgung geklärt ist.

- Sie besitzen ein Unternehmen und wollen mit Ihrer Frau im Falle einer Scheidung konkrete Summen zu Unterhalt und Zugewinnausgleich vereinbaren, um den Bestand des Unternehmens durch Ansprüche Ihrer Frau nicht zu gefährden.

- Sie sind Witwe oder Witwer und möchten das Geld und das Eigentum Ihres verstorbenen Partners, das

Sie in die Ehe eingebracht haben, bei einer möglichen Scheidung für Ihre eigenen Kinder sichern.

- Sie haben jahrelang gearbeitet und jetzt schon eine gute private Altersversorgung für sich zusammengespart. Sie wollen klären, dass die Altersvorsorge im Falle einer Scheidung dann wieder nur Ihnen allein gehört.

Diese Liste ließe sich immer weiterführen. Es gibt so viele verschiedene Lebensumstände, dass sie nur eine Auswahl darstellen kann.

Überblick über mögliche Regelungen in einem Ehevertrag

1. Zugewinngemeinschaft

Bei der so genannten Modifizierung können Vereinbarungen getroffen werden über:

- Herausnahme von Vermögen aus dem Zugewinnausgleich
- Festlegung des Anfangsvermögens
- Festsetzung eines Endvermögens, d. h. betragsmäßige Begrenzung
- Vereinbarung einer bestimmten Ausgleichsquote, eines Höchst- oder eines Pauschalbetrages

Ausgleichsquoten und Pauschalbeträge

2. Gütergemeinschaft

3. Gütertrennung

4. Versorgungsausgleich

Vereinbarungsmöglichkeiten:

- Total-Ausschluss
- einseitiger Ausschluss oder unter bestimmten Bedingungen
- Ausschluss bei näher festzulegenden Gegenleistungen
- Änderung der Ausgleichsquote
- Ausschluss einzelner Versorgungsarten (zum Beispiel Rentenlebensversicherungen, Betriebsrenten)
- Regelungen zum Ausgleichszeitraum

Ausschluss von Versicherungen

5. Nachehelicher Unterhalt

- Verzicht
- Einschränkungen (zum Beispiel nur bei Notlage)
- Regelung einer Obergrenze bzw. einer bestimmten Unterhaltsquote ausgehend vom Einkommen des Verpflichteten
- Unterhalt nur bei Kinderbetreuung oder ab einem bestimmten Alter des Unterhaltsberechtigten

Verzicht auf Unterhalt

Diese Aufstellung stellt nur einige Möglichkeiten dar, die Sie in einen Ehevertrag aufnehmen können. Lassen Sie sich nicht abschrecken. Wichtig ist, dass Sie sich mit den Varianten vertraut machen, die Begriffe kennen und sich einen guten Anwalt oder Notar suchen, dem Sie beide vertrauen und der nicht gerade der beste Freund Ihres Mannes/Ihrer Frau ist. Besprechen Sie vorher mit Ihrem Partner, was Sie regeln wollen, informieren Sie sich und denken Sie daran: Wenn alles gut läuft, können Sie den Ehevertrag Ihr Leben lang in der Schublade liegen lassen. Falls es schief läuft und Sie sich trennen wollen, haben Sie viel Zeit und noch mehr Nerven gespart und müssen sich bei einer schmerzlichen Scheidung nicht auch noch mit solchen Dingen beschäftigen.

Im besten Fall bleibt der Ehevertrag in der Schublade

Erziehungsgeldgesetz

Es ist gut, wenn Sie die gesetzlichen Grundlagen für Ihre Elternzeit kennen. Hier können Sie nachlesen, wer Anspruch auf Elternzeit hat, dass Sie sich die Elternzeit mit Ihrem Ehegatten oder auch Lebenspartner teilen können, wie viel Sie während der Elternzeit arbeiten dürfen und unter welchen Bedingungen der Arbeitgeber der Verringerung der Arbeitszeit zustimmen muss.

Auszüge aus dem Bundeserziehungsgeldgesetz vom 9. Februar 2004:

§ 15

Anspruch auf Elternzeit

(1) Arbeitnehmerinnen und Arbeitnehmer haben Anspruch auf Elternzeit, wenn sie mit einem Kind

1. a) für das ihnen die Personensorge zusteht,

b) des Ehegatten oder Lebenspartners,

c) das sie in Vollzeitpflege (...) oder in Adoptionspflege (...) aufgenommen haben, oder

d) für das sie auch ohne Personensorgerecht (...) Erziehungsgeld beziehen können,

in einem Haushalt leben und

2. dieses Kind selbst betreuen und erziehen. (...)

(2) Der Anspruch auf Elternzeit besteht bis zur Vollendung des dritten Lebensjahres eines Kindes. Die Zeit der Mutterschutzfrist nach § 6 Abs. 1 des Mutterschutzgesetzes wird auf die Begrenzung nach Satz 1 angerechnet. Bei mehreren Kindern besteht der Anspruch auf Elternzeit für jedes Kind, auch wenn sich die Zeiträume im Sinne von Satz 1 überschneiden. Ein Anteil der Elternzeit von bis zu zwölf Monaten ist mit Zustimmung des Arbeitgebers auf die Zeit bis zur Vollendung des achten Lebensjahres übertragbar; dies gilt auch, wenn sich die Zeiträume im Sinne von Satz 1 bei mehreren Kindern überschneiden. (...)

Mütter und Väter können Elternzeit nehmen

(3) Die Elternzeit kann, auch anteilig, von jedem Elternteil allein oder von beiden Elternteilen gemeinsam genommen werden. Satz 1 gilt entsprechend für Ehegatten, Lebenspartner und die Berechtigten gemäß Absatz 1 Satz 1 Nr. 1 Buchstabe c.

(4) Während der Elternzeit ist Erwerbstätigkeit zulässig, wenn die vereinbarte wöchentliche Arbeitszeit

für jeden Elternteil, der eine Elternzeit nimmt, nicht 30 Stunden übersteigt. (...)

Teilzeitarbeit während der Elternzeit

(5) Über den Antrag auf eine Verringerung der Arbeitszeit und ihre Ausgestaltung sollen sich Arbeitnehmer und Arbeitgeber innerhalb von vier Wochen einigen. (...) Unberührt bleibt das Recht des Arbeitnehmers, sowohl seine vor der Elternzeit bestehende Teilzeitarbeit unverändert während der Elternzeit fortzusetzen, soweit Absatz 4 beachtet ist, als auch nach der Elternzeit zu der Arbeitszeit zurückzukehren, die er vor Beginn der Elternzeit hatte.

(6) Der Arbeitnehmer kann gegenüber dem Arbeitgeber, soweit eine Einigung nach Absatz 5 nicht möglich ist, unter den Voraussetzungen des Absatzes 7 während der Gesamtdauer der Elternzeit zweimal eine Verringerung seiner Arbeitszeit beanspruchen.

(7) Für den Anspruch auf Verringerung der Arbeitszeit gelten folgende Voraussetzungen:

1. *Der Arbeitgeber beschäftigt, unabhängig von der Anzahl der Personen in Berufsbildung, in der Regel mehr als 15 Arbeitnehmer;*
2. *das Arbeitsverhältnis des Arbeitnehmers in demselben Betrieb oder Unternehmen besteht ohne Unterbrechung länger als sechs Monate;*

3. *die vertraglich vereinbarte regelmäßige Arbeitszeit soll für mindestens drei Monate auf einen Umfang zwischen 15 und 30 Wochenstunden verringert werden;*
4. *dem Anspruch stehen keine dringlichen betrieblichen Gründe entgegen und*
5. *der Anspruch wurde dem Arbeitgeber acht Wochen oder, wenn die Verringerung unmittelbar nach der Geburt des Kindes oder nach der Mutterschutzfrist beginnen soll, sechs Wochen vor Beginn der Tätigkeit schriftlich mitgeteilt.*

Tipps zur Antragsstellung

Der Antrag muss den Beginn und den Umfang der verringerten Arbeitszeit enthalten. Die gewünschte Verteilung der verringerten Arbeitszeit soll im Antrag angegeben werden. Falls der Arbeitgeber die beanspruchte Verringerung der Arbeitszeit ablehnen will, muss er dies innerhalb von vier Wochen mit schriftlicher Begründung tun. Der Arbeitnehmer kann, soweit der Arbeitgeber der Verringerung der Arbeitszeit nicht oder nicht rechtzeitig zustimmt, Klage vor den Gerichten für Arbeitssachen erheben.

Beispielrechnung

Einkommen vor und nach der Geburt eines Kindes

Beispiel 1

Peter und Susanne haben vor der Geburt beide sehr gut verdient. Susanne entscheidet sich, in den ersten beiden Lebensjahren des Kindes zu Hause zu bleiben.

Einkommen vorher

Peter	Susanne
brutto	*brutto*
3.800 Euro	3.400 Euro

Geplantes Einkommen im ersten Jahr nach der Geburt

Peter	Susanne
brutto	*brutto*
3.800 Euro	0 Euro
netto	*netto*
2.549,01 Euro	0 Euro
zusammen:	2.549,01 Euro

+ 300 Euro Erziehungsgeld = **2.849,01 Euro**

Beispiel 2

Susanne entscheidet sich, im ersten Jahr nach der Geburt zu Hause zu bleiben und ab dem zweiten Lebensjahr des Kindes Teilzeit zu arbeiten.

Einkommen vorher

Peter	Susanne
brutto	*brutto*
3.800 Euro	3.400 Euro
netto	*netto*
2.180,45 Euro	1.991,62 Euro (Steuerklasse IV/IV)
zusammen:	**4.180,07 Euro**

Geplantes Einkommen ab dem zweiten Lebensjahr

Peter	Susanne
brutto	*brutto*
3.800 Euro	3.400 Euro
netto	*netto*
2.549,01 Euro	865,38 Euro (bei Steuerklasse III/V)
zusammen:	**3.414.39 Euro**

Erziehungsgeld wird nicht gezahlt, weil die Nettoeinkommensgrenze von 30.000 Euro im Jahr überschritten wird.

Wichtige Adressen

Steuern

Viele Informationen zu Steuern und Steuerklassen können Sie im Internet unter Oberfinanzdirektion Niedersachsen www.ofd.de (besonders zu Steuerklassen III und VI) nachlesen.

Es gibt eine Info-Hotline unter Tel: 0180/33 40 334 (9 Cent/Min. aus dem Festnetz der Deutschen Telekom), Montag bis Freitag von 8 bis 18 Uhr.

Der Bund der Steuerzahler www.steuerzahler.de ist eine Dachorganisation von 15 Landesverbänden und bietet gute Informationen rund um Steuerrecht, Steuervergünstigungen und Steuerklassenwahl.

Präsidium des Bundes der Steuerzahler e.V.
Französische Str. 9–12
10117 Berlin
Tel: 030/25 93 96-0
Fax: 030/25 93 96-25

Erziehungsgeld, Elternzeit, Familienrecht, Rente

Das Bundesministerium für Familie, Senioren, Frauen und Jugend bietet eine große Auswahl an Broschüren zu Erziehungszeiten, Erziehungsgeld, Elternzeit, Schulden etc., die über das Internet zu bestellen sind: www.bmfsfj.de.

Falls Sie Fragen haben: Das Internetangebot wird herausgegeben von der Internetredaktion des BMFSFJ mit der Anschrift:

Alexanderplatz 6
10178 Berlin
Tel: 01888/555-0
Fax: 01888/555-4103

Oder wenden Sie sich direkt an:

Bundesministerium für Familie, Senioren, Frauen und Jugend
Alexanderplatz 6
10178 Berlin
Tel: 0180/1 90 70 50
Montag bis Donnerstag:
von 7 bis 19 Uhr
Fax: 0188/555-4400
E-Mail: info@bmfsfjservice.bund.de

Außerdem gibt es umfangreiches Informationsmaterial bei den entsprechenden Landesministerien in den einzelnen Bundesländern.

Unter www.familienhandbuch.de finden Sie Aufsätze, interessante Texte, praktische Tipps und Adressen zu allen Themen rund um Familie, Erziehung, Recht und Partnerschaft.

Wichtige Informationen rund um das Thema Familienrecht bietet der Verband der Familienfrauen und -männer e.V. unter der Internetadresse www.dhg-vffm.de.

Verband der Familienfrauen und -männer
Postfach 1462
53004 Bonn

Weitere Informationen zu Familienfragen:

Deutscher Familienverband
Bundesgeschäftsstelle
Luisenstr. 48
10117 Berlin
Tel: 030/30 88 29 60
E-Mail: post@deutscher-familienverband.de
Internet: www.deutscher.familienverband.de

Um frühzeitig eine Vorstellung zu bekommen, wie viel Rente Sie im Alter erhalten würden und um Ihr so genanntes Rentenkonto zu klären, erkundigen Sie sich bei der:

Bundesversicherungsanstalt für Angestellte BfA
Postanschrift: 10704 Berlin
Hausadresse: Ruhrstraße 2
10709 Berlin
Tel: 030/865-1
E-Mail: bfa@bfa.de
Internet: www.bundesversicherungsanstalt.de

Haushalt, Versicherungen, Sparen

Die Verbraucherzentralen haben auf alle Fragen des täglichen Lebens eine Antwort. Unter www.vzbv.de finden Sie den Bundesverband, die Dachorganisation von 16 Verbraucherzentralen.

Verbraucherzentrale Bundesverband e.V. „Pillbox"
Markgrafenstraße 66
10969 Berlin
Tel: 030/25 800-0
E-Mail: info@vzbv.de

Die Adressen der einzelnen Verbraucherzentralen in den Ländern finden Sie zentral unter www.verbraucherzentralen.de mit Anschrift, Telefon- und Faxnummern, E-Mail-Adressen und z.T. auch den jeweiligen Öffnungszeiten.

Bei Fragen zu Versicherungen gibt es den Verbund der Fairsicherungsläden, der 28 Büros und Agenturen organisiert. Er hilft Ihnen, sich im unendlichen Versicherungsdschungel zurechtzufinden, ob Berufsunfähigkeit, Krankenversicherung, Lebens- und Rentenversicherung etc. Eine gute Möglichkeit, sich erst einmal zu orientieren.

Im Internet finden Sie unter www.fairsicherung.de eine Suchmaschine für Ihren Wohnort, ansonsten die Anschrift:

Verbund der Fairsicherungsläden e.G.
Pantaleonsmühlengasse 36
50676 Köln
Tel: 0221/3 10 80-0
Fax: 0221/3 10 80-13
E-Mail: info@fairsicherungen.de

Unter 0180/32 47 366 (9 Cent/Min. aus dem Festnetz der Deutschen Telekom) können Sie auch Mitarbeiter direkt fragen.

Unter www.monetenfuchs.de werden ständig aktuelle Spartipps veröffentlicht.

Schulden

In Deutschland gibt es ein weit gestreutes Angebot an Schuldnerberatungsstellen. Im Internet können Sie bei der Bundesarbeitsgemeinschaft Schuldnerberatung www.bag-sb.de Adressen in Ihrer Umgebung herausfinden. Informieren Sie sich möglichst frühzeitig, um die berüchtigte Schuldenspirale zu vermeiden. Wenn Sie keinen Internetzugang haben, können Sie die Adressen im Telefonbuch oder Branchenverzeichnis Ihrer Stadt finden. Oft bieten auch kirchliche Einrichtungen eine Beratung an.

Hausbau

Fragen zur Bauförderung in den unterschiedlichen Bundesländern und zur Vergabe von Krediten etc. beantwortet die Kreditanstalt für Wiederaufbau unter www.kfw.de.

Kreditanstalt für Wiederaufbau
Palmengartenstraße 5–9
60325 Frankfurt/Main

Familienberatungsstellen

Die Bundeskonferenz für Erziehungsberatung bietet im Internet unter www.bke.de ein Verzeichnis von 1081 Beratungsstellen an. Die Beratungen sind kostenlos und bieten ein breites Spektrum auch für Probleme zwischen den Elternteilen.

Bundeskonferenz für Erziehungsberatung
Herrnstr. 53
90763 Fürth
Tel: 0911/9 77 14-0
Fax: 0911/74 54 97
E-Mail: bke@bke.de

ISUV/VDU e.V.
Interessenverband Unterhalt und Familienrecht
Bundesgeschäftsstelle
Postfach 21 01 07
90119 Nürnberg
Tel: 0911/55 04 78
E-Mail: www.isuv.de

Die Initiative bürgschaftsgeschädigter Frauen berät Frauen, die durch Unterschriften bei Bürgschaften in finanzielle Schwierigkeiten geraten sind. Sie kooperiert mit Rechtsanwälten und Schuldnerberaterinnen. Die Beratung ist kostenlos.

Initiative bürgschaftsgeschädigter Frauen
Bülowstr. 71/72
10783 Berlin
Tel: 030/72 62 73 38
Internet: www.buergerinnen.de

Konfliktberatung und Mediation

Das Berliner Institut für Familientherapie bietet Paargespräche und Mediation an.

Berliner Institut für Familientherapie
Obentrautstr. 57
10963 Berlin
Tel: 030/216 40 28
Internet: www.bif-systemisch.de

Unter dem Stichwort „Mediation" finden Sie im Internet zahlreiche Anbieter. Der Bundesverband der Mediatoren hat die Homepage www.bmev.de.

Bundesverband Mediatoren
Kirchweg 80
34119 Kassel
Tel: 0561/739 64-13
Fax: 0561/739 64-12
E-Mail: info@bmev.de

Bundesarbeitsgemeinschaft für Familienmediation (BAFM)
Eisenacher Straße 1
10777 Berlin
Tel: 030/23 62 82 66
Fax: 030/21 41 17 57
E-Mail: bafm-mediation@t-online.de
Internet: www.bafm-mediation.de

Rechtsanwälte

Über diese Organisationen finden Sie Adressen in Ihrer Nähe:

Deutscher Anwaltverein
Littenstr. 11
10179 Berlin
Tel: 030/72 61 52-0
Fax: 030/72 61 52-190
Internet: www.anwaltsauskunft.de
Telefonische Auskunft: 018 05/18 18 05

Anwalt-Suchservice
Internet: www.anwalt-suchservice.de
Telefonische Auskunft: 018 05/25 45 55

Literatur

Bücher, Broschüren und Artikel zum Nachschlagen und Weiterlesen:

Bundesministerium für Familie, Senioren, Frauen und Jugend: Erziehungsgeld, Elternzeit. Was mache ich mit meinen Schulden? Berlin 2004

Hendricks, Gay und Kathlyn: Liebe macht stark, München 1992

Hölting, Michael: ZDF Wiso „Immobilienfinanzierung“, Frankfurt/Main 2004

Orman, Suze: Trau dich, reich zu sein, Frankfurt/Main 2000

Rottmann, Verena S.: Eherecht, Verbraucherzentrale, Düsseldorf 2005

Sebastian, Ulla: Umgang mit Geld – aus psychologischer Sicht, in www.familienhandbuch.de

Tichy, Andrea und Leidig, Gerd: Happy Money, Frankfurt/Main 2003

Unverzagt, Gerlinde: Liebe, Geld und Partnerschaft, Zürich 2004

Verbraucherzentrale: Finanzen im Alltag, Düsseldorf 2005

Wölfer, Claudia: Konflikte bewältigen. Kleiner Leitfaden für Paare, in www.familienhandbuch.de

Zwick, Marion und Volker: Besser haushalten, Verbraucherzentrale, Düsseldorf 2005

Stichwortverzeichnis